後現代學科與理論

鄭祥福、孟樊 主編

序

　　大凡談到「後現代主義」(postmodernism)，總不出在以下三種含義上來使用：其一是否定性的後現代主義，強調對現代傳統的否定，其觀點是激進的、革命性的；其二是建設性的後現代主義，在批判之餘也試圖建立起一種以多元論 (pluralism) 為基礎的思想風格、藝術風格；其三是庸俗的後現代主義，把一切都看作是遊戲的產物，就像佛教中的一即多、多即一的咒語那樣。

　　本書所採用的後現代主義大體上可以歸結為前兩者，即把後現代主義看作是對現代傳統的批判，強調多元論、不確定性、變化、邊際化、差異、語言遊戲等特徵。因此，本書所界定的後現代主義是廣義的，它是當前社會正在經歷的全球性思潮，是全球性文化所經歷的一場迅速變化，是一場人們精神面貌的變革。所以，它涉及了各種面向 (aspects)，從文學到藝術，從音樂、舞蹈到電影、電視，從政治到經濟，從社會科學到自然科學以至於大學的高等教育，如此等等無不滲透著後現代的革命精神。

　　本書的每一章都只是對該領域內的後現代主義、思想扼要的介紹，作者的意圖只是試圖透過短短的文字描述，達到洞中窺豹的目的。同時，也試圖藉由這些簡單的介紹，引發

　　兩岸青年學生與其他讀者對後現代主義的興趣，加深對後現代主義的理解。

　　本書各章的作者分別是：第一、二章：汪亞明；第三、四、五章：葉志良；第六章：王文杰、管建新；第七、九、十章：鄭祥福；第八章：洪偉；第十一章：孟樊。全書由孟樊與鄭祥福統稿。文責由各章作者自負，並祈先進不吝指教。是為序。

　　　　　　　　　　　　　　　　　　鄭祥福　孟樊

作者簡介

汪亞明，1957年生於浙江桐廬，1984年畢業於浙江師範大學
中文系，留校後任教至今。曾在《中國現代文學研
究叢刊》、《文藝理論與批評》等刊物上發表艾青、茅
盾、郁達夫、許地山等當代作家的研究論文20餘萬
字。曾與人合著《中國現當代文學》、《新編中國現代
文學史》等多種大學教材。

葉志良，1964年生於浙江蕭山，1986年畢業於浙江師範大學
中文系。現為浙江師範大學中文系講師。主要從事
中國現代文學和現代戲劇學研究，著有《戰時東南
文藝史稿》(上海文藝出版社)、《中國東南抗戰文化
史論》等學術著作，以及發表百餘篇論文。

王文杰，1962年生於浙江麗水，1983年畢業於浙江師範大學
中文系。現在麗水地區文化局任職。撰有《形為心
役還是心為形役——對傳統繪畫控制論的反思》、
《詩性觀照的審美之維》等美評文章十多篇，曾有
多件油畫作品在省級以上美展中展出。

管建新，1959年生於浙江麗水，1982年畢業於中國美術學院
　　　　（原浙江美院）油畫系。現爲浙江師範大學藝術學
　　　　院副教授，中國美術家協會會員，美國Society of
　　　　Portrait Artists會員。出版有《管建新油畫人物創
　　　　作專集》，1995年曾在台北舉辦個人畫展，《山裡秋
　　　　水》、《父輩讀過的書》、《兒歌》等多件作品曾入選
　　　　全國美展。

鄭祥福，1955年生於浙江常山。1982年1月畢業於杭州大學哲
　　　　學系，1994年獲哲學博士學位。現爲浙江師範大學
　　　　政法系副教授、副主任。專事現代西方哲學的教學
　　　　與研究。曾發表《走出眞理問題的迷宮──論當代
　　　　西方科學哲學的眞理觀》（《中國社會科學》1996年
　　　　第3期）、《後現代科學哲學的出路何在》（《哲學研
　　　　究》1993年第11期）、《范‧弗拉森和後現代科學哲
　　　　學》（《哲學研究》1995年第3期）等論文五十餘篇，
　　　　著作或合著有《李歐塔》（生智出版社）、《當代西方
　　　　著名哲學家評傳》（邏輯哲學卷）（山東人民出版社
　　　　1996）等。

洪　偉，1957年生於浙江麗水，1986年畢業於浙江師範大學，
　　　　1993年獲杭州大學哲學碩士學位。現爲浙江師範大
　　　　學政法系講師、律師。曾在《福建論壇》、《社會科學
　　　　輯刊》等刊物上發表論文十餘篇。

孟　樊，本名陳俊榮，台灣嘉義縣人。畢業於政大政治研究
　　所，現於台灣大學攻讀法學博士學位。曾任職於中
　　國時報及聯合報兩大報副刊以及任教於輔仁大學及
　　文化大學，並曾任時報出版公司主編、桂冠圖書公
　　司副總編輯、揚智出版公司總編輯及聯合晚報主
　　筆。著有《當代台灣新詩理論》、《台灣出版文化讀
　　本》、《台灣世紀末觀察》、《後現代併發症》⋯⋯等
　　九種書。

目錄

第一章

後現代文學

一、後現代文學溯源

　　隨著科技和經濟的迅速發展，現代西方社會在本世紀六十年代初進入了後工業社會階段，西方現代文化也經歷了一次次新的裂變，並漸次推進到後現代主義時期。後現代主義作爲一種文化思潮應包括哲學、美學、文學和藝術等；其中的後現代主義文學是後現代主義思潮的始作俑者。

　　在後現代主義興起的時間上，理論家們各持己見，至今未達成理性共識，但擇其要者主要有以下二說：美國後現代主義文藝美學家伊哈布·哈山（Ihab Hassan）在《後現代的轉向》（1987）中認爲，後現代主義一詞的「源頭」最早可追溯到弗·奧尼斯（F. Onis），他在其1934年出版的《西班牙暨美洲詩選》中，首先採用Postmodernism一詞。隨後，費慈（D. Fitts）在1942年編輯出版的《當代拉美詩選》中再次使用此詞。湯恩比（Arnold Joseph Toyhbee）在他的《歷史研究》中也使用過此詞。哈山一直是Postmodernism術語最堅

決的捍衛者，他認爲後現代主義眞正興起的時間是以喬伊斯
(James Joyce) 的《芬內根的守靈》(1939年) 爲其上限。
而評論家奧康諾 (Frank O'Conner) 在《大學新才子和現代主
義的終結》(1986年) 一書中，將英國五十年代的以「大學新
才子」爲中心的文學運動作爲後現代主義的開端。理查得・
沃森 (Richard Wasson) 在《論新感性》(1969)，則把魔幻
現實主義作家聘瓊 (Thomas Pynchon) 和「新小說家」阿蘭・
羅伯—葛里葉 (Alain Robbe-Grillet) 看作後現代主義文學興
起的標誌。在後現代主義興起問題上，提出比較中肯的切實
意見的，是荷蘭學者漢斯・伯頓斯 (Hans Bertens)，他在與
佛克馬 (Douwe Fokkema) 合編的《走向後現代主義》(1986
年) 一書中，認爲後現代主義的概念經歷了四個衍化階段。
1934—1964年是後現代這一術語開始應用和歧義迭出階
段；六十年代中後期，後現代主義表現出一種與現代主義作
家的精英意識徹底決裂的精神，有了一種反文化和反智性的
氣質；1972年—1976年，出現存在主義的後現代主義思潮；
七十年代末至八十年代中期，後現代主義概念日趨綜合和更
具有包容性。由此可見，後現代主義孕育於現代主義的母胎
(三十年代) 中，並在第二次大戰後與母胎撕裂，而成爲一
個毀譽交加的文化幽靈，徘徊在整個西方文化領域。後現代
主義的正式出現是在五十年代末至六十年代前期。其聲勢奪
人並震懾思想界是在七十年代和八十年代。這一階段，在歐
美學術界引起一場世界性的大師級之間的「後現代主義論
戰」。到了九十年代初，後現代主義開始表現出狂躁以後的疲

僎，聲勢大減。

二、後現代主義文學的主要
流派和重要作家作品

　　對後現代文學流派和主要作家作品的認定，在國內外學術界仍未達成共識。王一川在其所著的《後現代主義文化研究》中曾開列出一個後現代作家名單，現抄錄於後，以供參考：約翰・巴斯、W・柏格、T・聘瓊、D・巴特姆、W・埃比希、J・艾什伯里、大衛・安頓、S・薛波、R・威爾森、K・馮內果、J・霍克斯、E・尤湼斯可、J・博赫斯、M・邊斯、塞繆爾・貝克特、喬杰・路易斯・鮑杰斯、F・納博可夫、H・品特、B・S・約翰遜、R・黑品史托、G・馬奎斯、阿蘭・羅伯──葛里葉、卡爾維諾。

　　這份名單雖然列出的作家較多、較全，但其中有些作家是否可歸屬為後現代主義仍有爭議。這份名單沒有開列的另一些作家也有學者將其歸入後現代文學家之列。美國後現代文藝理論家斯潘諾斯認為，後現代文學應包括存在主義文學、荒誕派文學和戲劇、「黑色幽默」文學、魔幻現實主義文學，以及當代新湧現的一些文學形式。而「真正的後現代主義作家」包括：沙特、伊麗斯・默多克、巴斯、巴塞爾姆、博赫斯、聘瓊等。歐洲一些文藝理論家認為，作為後現代文學起點的法國「新小說」，才是最具典型意義的後現代文學樣式。對於中國大陸當代（主要是新時期）是否存在後現代文學，中外學者也有不同看法。佛克馬認定後現代主義僅限於

歐美，亞洲特別是中國是不存在後現代主義文學的。而王寧
等中國學者則認為，在中國新時期的一些先鋒派作家（編按：
台灣稱為「前衛作家」）中雖有一些後現代主義的因素，但眞
正的像西方一樣的後現代主義文學尙未出現。鑑於以上這種
紛紜複雜的局面，筆者只能根據自己的理解擇要介紹以下主
要流派和主要作家作品。

(一)葛里葉、薩羅特與「新小說」

「新小說」（Le Nouveau Roman）是五十年代在法國崛
起的一個文學流派。歐美許多後現代文藝理論家認為，它是
後現代文學的眞正起點，較全面地體現了後現代主義文學的
主要特徵。此派的主要作家有：阿蘭・羅伯――葛里葉（Alain
Robbe-Grillet, 1922—）、娜塔莉・薩蘿特（Nathalia Sarraute,
1992—）、米歇爾・布托爾（Michel Butor, 1926—）、克洛
德・西蒙（Claude Simon, 1913—）、羅貝爾・潘熱（Robert
Pinget, 1919—）等。這些作家早在五十年代之前已經開始寫
作，但一直默默無聞，到五十年代中期他們的作品才受到批
評界的重視。及至六十年代，以《原封不動》雜誌為活動據
點的一批作家也贊同「新小說」派的創作原則，這個流派才
得以形成並造成聲勢。

「新小說」作家提出了自己的一套文學主張，並闡述了
他們所從事的文學創作，從而擴大了這一流派的影響。羅伯
―葛里葉、薩蘿特、布托爾先後出版了《爭取一種新小說》、
《懷疑的年代》和《論今人》等論文集。這些論文的總精神

便是反對舊的小說傳統。他們認為現實主義如巴爾札克等人、現代主義如福克納、卡夫卡等人的小說觀念都已過時。在當今的小說中，人物不再注重性格的刻劃，而具有更多的抽象含義。相反，「物」應在小說中占據重要地位，甚至排擠掉「人」的地位。「新小說」作家主張情節不再是小說的中心，不要去追求表現社會、政治、經濟、道德方面的內容。他們認為形式是最根本的，現實就在形式之中，內容和作品的意義也在形式本身之中。作家所最關心的應是語言，透過語言去表達真實。至於傾向性，「對於作家來說，不應是政治性的，而是充分意識到他的語言的當前問題，對這些問題的極端重要性抱有信心，下決心從內部解決它們」。由此看來，新小說的文學主張不僅是反對傳統現實主義，而且也反對現代主義，已較全面地體現出後現代主義文學的某些主要特徵。例如，羅伯—葛里葉注重描寫實物，探索人物的煩擾和夢幻；薩蘿特偏愛描繪狹隘的家庭環境、閉塞的文學圈子等，在對話中常插入內心獨白。布托爾喜歡時序重疊、逐步回憶的描述。西蒙則偏重描繪記憶的混亂狀態等。儘管各作家在寫作技巧上各有特點，但「新小說」仍具有寫作技巧上的共同點：長於寫物，注重聽覺，強調碎片，善於穿插，描寫重複，跳躍突兀，拼湊謎語，設置環形結構，喜好文字遊戲等等。

在眾多「新小說」作家中，法國當代小說家羅伯—葛里葉是其主要代表之一。葛里葉生於法國布勒斯特，曾就讀於國家農學院，1945年至1948年在全國統計院工作，1949年進行生物學研究，1950年至1951年在殖民地果品和柑橘學院任

工程師，其間到過摩洛哥、幾內亞、瓜達羅普和馬提尼克。
1953年發表第一部小說《橡皮》。1955年擔任子夜出版社文學
顧問。該出版社專門出版「新小說」作家的作品。葛里葉自
此以後專門從事文學創作，相繼發表了《偷窺者》（1955）、
《嫉妒》（1957）、《在迷宮裡》（1959）。六十年代，他轉向電
影，並把「新小說」的手法用於電影創作中，著有電影小說
《去年在馬倫巴》（1961年）和《不朽者》（1963）。

　　葛里葉對「新小說」的全部見解集中反映在他的論文集
《爭取新小說》一書中。他所倡導的「新小說」，並不揭示錯
綜複雜的社會問題和人與人之間的關係，也不描寫豐富多彩
的生活激浪和花絮，而是把客觀世界分割成許多碎片，從不
同角度、不同時間去細膩地描寫它們。因此，客觀地描寫存
在物的表面，而不說明其存在的意義，就成為「新小說」的
創作目的。後來評論家稱其為「客體小說」，在這種小說中，
「故事」幾乎銷聲匿跡了。在葛里葉的小說中，沒有一個連
貫的故事，人物也往往是一個面目不清的代號，而不是活生
生的人。人物活動的方式就是用視覺去感知外部世界，人物
的存在目的僅僅是讓感知的器官依附於一具人形的支架上，
把感知的訊息透過作者的語言傳達給讀者。如在他的《橡
皮》、《偷窺者》、《在迷宮裡》、《嫉妒》等小說作品中，總有一
雙觀察客體的眼睛，或者有一個虛無的人物，其作用就在於
透過這雙眼睛或這個人物的觀察，把事物存在的各個不同剖
面斷斷續續、零零星星地反映出來，揭示出事物的實在性和
多樣性。

　　《嫉妒》是葛里葉的重要作品，也是他專注於寫物的「客
體小說」的代表作。小說透過對事物和人的行為的客觀摹寫
來濾析人物的潛意識活動。小說的女主人翁叫A，她和丈夫居
住在非洲一個熱帶香蕉種植園內，過著孤單的生活。她和鄰
居弗朗克過往甚密，常常坐車進城遊玩，有時車子拋錨，一
對男女第二天才回家。小說並沒有連貫的故事情節，通篇充
斥著對人的行為和物的詳細描寫，來襯托丈夫的嫉妒心情。
小說始終未披露丈夫的姓名，連他的身影也從未出現過，他
只是一個幽靈式的人物，他的存在是透過對物和其他人的言
行的描寫而映稱出來的。如桌上擺著三個杯子，桌子周圍有
三把椅子，A和弗朗克的椅子很靠近，第三把卻冷落一旁。作
者就是憑借這種巧妙的細節描寫讓讀者隱隱約約感知到丈夫
的存在。為了暗示小說的主題「嫉妒」，作者利用法語中La-
jalousie一詞具有「百葉窗」和「嫉妒」雙重含義的特徵，把
一雙看不見的眼睛安在百葉窗的後面，透過葉板的隙縫對妻
子和鄰居的行為進行觀察，暗示嫉妒的存在。作者從不向讀
者解釋人物活動的意圖和目的，而是不厭其煩地描寫事物的
表象，如小說開頭時對平台、柱子、陽光和陰影位移的描寫，
暗示時間的流逝；透過對一隻碾死在牆上的蜈蚣，有時隱喻
為梳子，有時影射為女人的頭髮，而梳頭時發出的嘶嘶聲，
又轉喻為螞蚱，有時蜈蚣的斑影還帶有性的暗示。這些純客
觀的描寫，雖迷離惝恍，卻給人耳目一新之感。
　　此外，葛里葉的短篇小說集《快鏡頭》（1962）裡的許多
作品，如〈咖啡壺〉、〈舞台〉、〈海灘〉等也表現出「新小說」

注重物的描寫的特點。〈咖啡壺〉中,物完全代替了人。〈舞台〉
是彩排中的一個快速鏡頭:人物的面目始終不顯露出來,而
背景中鏡子的印象卻層次分明,細而又細,作者以此表明人
淹沒在物的世界中的思想。〈海灘〉一景從住室來到戶外,同
舞台一樣,人的活動是機械的、死板的,永遠在重複同一個
動作;大自然具有寧靜的美,海鳥也悠閑自得,然而這景致
是單調的,海鳥也不可接近。作者並不去追求此中深意,而
只是透過反覆的相同字句創造一種藝術效果,以表達「人和
世界的新關係」,這就相當典型地體現了後現代文學消解意
義、削平深度模式、強調平面化的美學追求。

　　娜塔莉・薩蘿特 (1902—) 俄裔法籍女作家,是「新小
說」主要作家之一。1933年就寫了頗具後現代特點的小說《向
性》,但並不爲人所知。1948年發表小說《無名氏肖像》,因
沙特爲其作序並在序文中首次使用「反小說」一詞,而名聲
大噪。之後又創作了《馬爾特羅》(1953)、《天文館》(1959)、
《金果》(1963)、《生死之間》(1968)、《您聽見了嗎?》
(1922)、《傻瓜們說》(1976) 等作品。沙特這些作品,之所
以被沙特稱爲「反小說」,是因爲她把小說的傳統形式砸得粉
碎。她的《向性》和《無名氏肖像》已沒有了小說形式的影
子了。小說中的人物往往滔滔不絕地說一通廢話,所以評論
家說這些作品爲「文學廢話」。《向性》這本小說可以說名實相
副,一群無名無姓的人物如低等生物在亂糟糟地蠕動,他們
的言行沒有明確的目的。還有《無名氏肖像》、《天文館》、《金
果》等,作品中的主人翁的言行莫不帶有摸摸索索的「向性」。

人物之間既彼此吸引，又互相排斥；既有希望的閃光，又有
幻滅的暗影。人物的存在方式宛如亂流激起的水泡，忽生忽
滅。薩蘿特和葛里葉一樣，都致力於毀壞故事情節，肢解人
物形象，從而建立起「新小說」的美學觀念。

　　此外，尚值得一提的「新小說」的另外兩位作家是米歇
爾・布托爾和克洛德西蒙。布托爾認為「小說是敘述的實驗
室」，他的小說敘述方式的探索頗具特點，他的代表作〈變〉
就是以一個無名無姓小說主人翁「您」來敘述，這個第二人
稱的「您」代替了傳統小說中常用的「我」或「他」，而且把
小說主人翁和讀者合二為一，實為小說敘述方面的新嘗試。
布托爾的〈刻度〉可以說是時間的精妙的組合，小說的時間
局限在1954年10月12日的一小時內。作者透過一位中學史地
教師上課的形式，把三十一個學生和十一個同年級任課教師
的全部生活，都在這一個小時內表現出來。而且用「您」來
敘述，隨意切割和拼湊時空，實如高技巧的文字遊戲。西蒙
的小說重布景不重人，重現象不重情節，物的堆積達到令人
窒息的地步。如〈風〉、〈草〉和〈弗朗德勒之路〉等，都是一
些互不連貫的時間或人事斷片組成，鮮明地體現了後現代文
學對於「零散化」的要求。

(二)巴斯、聘瓊與「黑色幽默」小說

　　「黑色幽默」(Black Humour)，原是美國當代作家弗里
德曼選編的美國當代小說作品集的書名，因本書所選的作品
多為怪誕離奇、標新立異之作，於是「黑色幽默」一詞很快

在美國當代文壇上流行，並逐漸形成美國當代文學中的重要流派。此派的主要作家有：約瑟夫・海勒（Joseph Heller）、小克特・馮內果（Kurt Vonnegut）、約翰・巴斯（John Barth）、托馬斯・品欽（Thomas Pynchon）、唐納・巴塞爾姆（Donald Barthelem）和法國的博里斯・維昂（Boris Vian）等。

　　西方評論界對「黑色幽默」的解釋各不相同：哈利・蕭在他的《文學名詞辭典》（1973）中說，「黑色幽默」又叫黑色喜劇，它是一種荒誕的、變態的、病態的幽默。雷蒙德曼在《越過荒原》（1972）的序言中說，黑色幽默是一種把痛苦與歡笑、殘忍與柔情、荒誕的事實與平靜得不相稱的反應並列在一起的喜劇，並說「黑色幽默」作家對待意外、暴行和倒行逆施，能像丑角那樣聳聳肩膀，一笑了之。奧爾德曼還舉了一個非常形象化的例子，他說有一次他在意大利觀看莎士比亞的戲劇《泰特斯・安德洛尼克斯》被當作荒誕派戲劇上演，泰勒斯看見他兩個兒子的頭顱被人用平板車快快活活地推上舞台，就捂住嘴咯咯地笑起來。奧爾德曼認為這就是「黑色幽默」作家的反應，並認為以巴斯、海勒、聘瓊、馮內果等為代表的美國當代小說家身上都可以看到這種反應。

　　「黑色幽默」小說的出現主要有兩個原因，其一是對控制了美國小說創作達一百年之久的詹姆斯文藝理論的反撥；其二是美國當代政治、社會的動盪不安，以及國際環境的錯綜複雜，特別侵越的局部戰爭等。一些作家無法理解和把握變幻莫測的當代社會，因而把客觀世界看作是荒謬和醜惡的。作家們目睹了這些醜惡，於是得出了整個世界是醜惡的、

荒謬的結論。有的作家如海勒和馮內果，用寓言式的誇張筆
法對社會現實加以辛辣的諷刺（如《第22條軍規》、《頂呱呱
的早餐》等），這類作品風格雖然奇特，內容雖然怪誕，還能
為讀者所理解和接受，事實上海勒和馮內果仍不能算作後現
代作家，而只有「黑色幽默」流派中另一些走得更遠的作家，
如巴斯、聘瓊、巴塞爾姆等，他們趨向於把現實世界描繪成
夢幻世界，在作品裡拿當代社會或是比作錯綜複雜的迷宮，
或是比作象徵死亡的導源，不僅小說內容離奇，富於變態心
理、變態性欲和夢幻色彩，連文筆也警扭晦澀，還以文字遊
戲來表現荒誕的內容。巴斯直言不諱地把自己的作品認作是
「實驗品」，表示對文學形式的關心甚於內容。「黑色幽默派」
與本世紀上半葉以喬伊斯為代表的現代派小說有相似點，但
也存在著根本的差異性，所以美國評論家伊哈布・哈山和萊
斯利・費德勒等把這類小說稱為「後現代派」。下面就著重介
紹其中的典型作家，巴斯和聘瓊。

　　約翰・巴斯是美國當代作家，生於美國馬里蘭州，1951
年畢業於約翰・霍普金斯大學。曾先後任教於霍普金斯大學、
賓夕法尼亞大學和紐約州立大學。1956年巴斯發表第一部長
篇小說《飄浮的歌劇》，在美國文壇上嶄露頭角。此後，他連
續發表了〈路的盡頭〉（1958）、〈煙葉商〉（1961）、〈羊童賈
爾斯〉（1966）和中篇小說集《吐火女怪》（1922）。

　　約翰・巴斯自稱為「枯竭的文學派」，並在論文〈枯竭的
文學〉（1967）中闡述了自己對文學的見解，指出「某些形式
已經枯竭，某些可能性已經試盡」，所以，他贊同博赫斯和貝

克特對形式的實驗和創新，自己也積極參加，並直言不諱地
把自己的作品稱爲「實驗」。〈迷失在開心館〉（*1968*）就是作
者這種「實驗」的代表作。小說寫一個13歲的早熟少女安布
羅斯隨全家到海濱渡假，在露天遊樂場的開心館中漫遊的經
歷。作者從第三人稱敍述故事的同時，大量插入主人翁的意
識流及內心獨白，把故事的情節和安布羅斯的幻想交織在一
起。同時又在文中穿插了不少作者對傳統的戲劇性記敍文的
作法、細節描寫、標點符號使用法等方面的意見。他就這樣
把自己的見解作爲內心獨白式的旁白分別插在本文中，如同
電影的畫外之音一般。他嘲弄傳統的文章作法，多方闡述自
己的構思經過，因此，本篇超出了一般虛構小說的領域，成
爲作者大膽創新的檄文而受到西方評論界的重視。

「開心館」這一意象在作者心目中具有特殊的意義。他
在〈枯竭的文學〉中曾指出，博赫斯最愛用「迷宮」這一詞
兒。其實巴斯本人也是迷宮的愛好者。他在美國露天遊樂場
的開心館中找到了當代的迷宮，而且開心館本身也正是一座
錯綜複雜的迷宮。巴斯把安布羅斯在肉體和精神上在開心館
中摸索前進、試圖找到出口的經過，來比擬自己在創作道路
上的探索過程。巴斯的「實驗」引起了反響，有人認爲這篇
小說是當代美國最偉大的幾篇短篇小說之一。而當代美國著
名文學評論家認爲巴斯的作品「虛構之中又有虛構，層出不
窮，詞兒不絕如流，有如銀河億萬星塵。除此以外，〈迷失在
開心館〉這集中只有一點兒依稀可辨的幽默掩蓋著不知所
云。」事實上，這些正是後現代作家所追求的東西。

　　托馬斯·聘瓊的長篇小說《萬有引力之虹》，幾乎被所有西方評論家認定為最具典型性的後現代主義作品，並稱其為20世紀最偉大的作品之一。托馬斯·聘瓊生於紐約州的格倫谷，曾就讀於紐約州綺色佳的康乃爾大學，1958年大學畢業後，一度在美國海軍服役，退伍後，在華盛頓州西雅圖的波音飛機公司當特約撰稿人。除少量短篇外，迄今共寫了三部長篇小說：《V》（1963）、《四十九年人群的呼喊》和《萬有引力之虹》（1973）。

　　《萬有引力之虹》像許多「黑色幽默」小說一樣，沒有什麼故事情節，全書由許多零散插曲和作者似是而非的議論構成，內容包括現代物理、火箭工程、高等數學、性心理學、變態性愛等等，小說的線索圍繞著德國的V—2火箭展開。V—2火箭襲擊倫敦，美國和英國的情報機構都想弄到火箭的秘密。他們發現美國軍官發生性行為的地方，往往是火箭的落點。於是開始對這個問題進行研究，吸引和牽連了許多人，一位研究巴伐洛夫學說的軍官甚至認為這個美國軍官的頭腦裡有個支配生死的開關，決定利用他的感應能力，派他到敵後去刺探火箭的秘密。隨後小說又以不少篇幅描寫了德國軍官的性虐待狂和性變態，論述了科技和性欲總是結合在一起並向死亡發展的荒謬理論。小說還提出了「熵說」，即宇宙中的熱能散發完後會冷寂下來，整個世界將會冰凍，作者認為人類社會中一切活動也能用「熵」法則來解釋，各種狂熱在熱量消耗光之後都會冷寂，趨向死亡。「萬有引力之虹」是火箭發射後形成的弧線，火箭摧毀一切，作者認為它是死亡的

象徵，同時也是現代世界的象徵，因而被用作書名。有些稱
讚本書的人說它「概括了時代的內在活力」，是當代文學的最
高成就。聘瓊成名後深居簡出，行徑越來越怪癖，近二十年
中沒有讓人照過一張相，人們也不知道他目前在什麼地方，
在做什麼，也不知道他還寫不寫小說。極大部分西方評論家
把《萬有引力之虹》與喬伊斯的《尤里西斯》相提並論，說
兩者一樣偉大，一樣難懂。從本書中確能看出西方現代派小
說在七十年代後的新發展，即已進入後現代時期。

(三)馬奎斯與魔幻現實主義

「魔幻現實主義」崛起於當代拉丁美洲文壇，並迅速對
世界文壇產生影響。「魔幻現實主義」一詞並非起源於拉丁美
洲，1925年德國文藝批評家弗朗茨・羅在其論及後期表現派
繪畫的專著《魔幻現實主義・後期表現派・當前歐洲繪畫的
若干問題》中，首先使用這個詞。後經西班牙的《西方》雜
誌翻譯轉載，才開始進入包括拉丁美洲在內的西班牙語文學
領域。

「魔幻現實主義」有兩方面的文學淵源：一方面，它受
美洲大陸印第安人古老神話傳說和東方阿拉伯神話故事的影
響；另一方面，則汲取了歐美作家如卡夫卡、福克納等人的
現代派文學的創作技巧。更確切地說，它是在印第安古典文
學傳統的基礎上，兼容並蓄東西方古典神話的某些創作方
法，以及歐美現代主義文學的異化、荒誕、魔魘等手法，用
以反映或影射拉丁美洲的現實，達到對社會事態的揶揄、譴

責、揭露、諷刺和抨擊的目的。

「魔幻現實主義」，萌生於本世紀三十～四十年代。第一位被認為帶有「魔幻現實主義」風格的作家是，1967年諾貝爾文學獎得主、瓜地馬拉著名學者安赫爾・阿斯圖里西斯（*1899—1974*），他的著名小說《總統先生》大量運用印第安神話傳說，是首開風氣者。真正成熟的「魔幻現實主義」作品，是墨西哥著名作家胡安・魯爾福（*1918—*）的中篇小說《佩德羅・帕拉莫》。這部小說成功地將歐美現代派慣用的手法，如時序的主觀隨意性、多角度的敍述、幻覺與現實空間的穿插等，與印第安神話的傳統風格結合在一起，使其成為魔幻現實主義作品的經典之作，並由此定下此派小說的基調：突破時空界限、借鑒意識流手法，生死不分、人鬼一體、現實與幻覺交織在一起。加西亞・馬奎斯的《百年孤寂》也是這方面傑出的作品。

加西亞・馬奎斯（Gakcia Marquez）出生於哥倫比亞馬格達萊納省一個依山傍海的小城鎮阿拉卡塔卡。他自小在外祖父家中長大。外祖父曾當過上校軍官，性格善良倔強，思想比較接近他；外祖母博古通今，善講神話傳說及鬼怪故事，這對他日後的文學創作有著極重要的影響。13歲時，他遷居首都波哥大，就讀於教會學校。18歲入國立波哥大大學攻讀法律，並加入自由黨。1948年哥倫比亞發生內戰，保守黨與自由黨互相殘殺，全國大亂，他只得中途輟學。不久，他進入報界，任《觀察家報》記者，同時從事文學創作。1954年起，任該報駐歐洲記者。1961年起，任古巴拉丁美洲社記

者。1961年至1967年僑居墨西哥，從事文學創作和新聞、電
影工作。1967年《百年孤寂》的正式出版給他帶來了巨大聲
譽，並以此獲得1972年拉丁美洲文學最高獎——委內瑞拉加
列戈斯文學獎，後更榮獲1982年諾貝爾文學獎及哥倫比亞語
言科學院名譽院士稱號。

馬奎斯的作品除《百年孤寂》外，還有《家長的沒落》
（1967）、《霍亂時期的愛情》（1985）、《迷宮中的將軍》
（1989）等長篇小說及短篇小說集《藍寶石般的眼睛》（1955）
《格蘭德大媽的葬禮》（1962），和報導文學集《一個海上遇
難者的故事》（1976）、《米格爾‧利廷歷險記》（1986）等。

《百年孤寂》自初版以來，再版上百次，有一個時期竟
達每周一版的紀錄，這已成為世界文壇上的奇跡。小說的故
事梗概是：烏蘇拉的姨母嫁給了何塞‧阿卡迪奧‧布恩迪亞
的叔父，婚後生下的兒子長著一條帶軟骨的豬尾巴，因此，
他找不到媳婦，打了42年的光棍。一位屠夫朋友出於好心，
用一柄剁肉骨頭的快斧將他的尾巴割掉，不想血如泉湧，由
於出血過多而送了命。烏蘇拉與阿卡迪奧‧布恩迪亞結婚後，
唯恐也生下帶豬尾巴的兒子，堅決不與丈夫同房。村中已經
議論紛紛，猜測他們婚後會生下蜥蜴。有些人常常提此事，
並當面挖苦阿卡迪奧被妻子推出房外。一天，阿卡迪奧與鄰
居阿吉拉爾鬥雞，阿吉拉爾鬥敗後不服，便又提起妻子拒絕
同房之事來譏諷對方。阿卡迪奧聽了惱羞成怒，用長矛刺穿
了阿吉拉爾的咽喉，使對方當場斃命，於是，阿吉拉爾的冤
魂經常出沒在阿卡迪奧的家裡，使阿卡迪奧心神非常不安，

不得不離開村子，帶著全家人長途跋涉，來到一片灘地，他
們實在精疲力盡了，便搭起帳篷定居下來。隨後，又有許多
移民定居此地，慢慢形成村落後又發展成村鎮，名叫烏孔多。
阿卡迪奧‧布恩迪亞在這裡繁衍了五代人，這五代人遭遇各
不相同，透過他們的經歷，作者勾畫出哥倫比亞農村百年興
衰的歷史圖景。

　　《百年孤寂》的第一個特點便是鬼魂的出現和荒誕離奇
的情節。小說中的鬼魂形象是完全按照印第安神話傳統的格
調完成的。印第安傳說中，有冤鬼自己不得安寧也不能讓仇
人安寧的說法，但即便是冤鬼也不傷害仇人，仍是善良的，
不吸人血，不吃人肉，而有思想有感情，可與人生活在一起。
突破了生與死、人與鬼的界限。

　　小說的第二個特點是象徵性。這種象徵性就整體而言，
整部小說就是一部哥倫比亞百年興衰史的象徵性寓言。就局
部所言，象徵性意象俯拾皆是。例如書中出現一位象徵著美
的姑娘。人們習慣稱她拉‧貝婭，西班牙文即是美的意思。
作者將她從外形到內心描繪得十全十美，正氣常存。她時常
赤身裸體，儼然夏娃再世。如果誰對她存心不良就會得到極
壞的報應。如書中寫到有一位青年因窺浴而被突然倒塌的牆
壁砸死。作者用此象徵性意象無疑是要說明：美是不可侵犯
的，誰侵犯了美就要遭到懲罰。

　　《百年孤寂》的第三個特點是把東西方神話傳說熔為一
爐。儘管其魔幻手法的基調仍未脫印第安文學傳統，但並不
排除外國神話傳說植入，為作品再加上一層幻覺，以達到「變

現實為幻想而不失其真」的魔幻現實主義的創作意境。作品
寫到的吉卜賽人帶到烏孔多村的飛毯,無疑取自《天方夜譚》
的故事。布恩迪亞家族熱衷於煉金術,甚至去尋求「哲石」。
煉金時出現了許許多多離奇的事情,都能在《一千零一夜》
的神話中找到類似的情節。烏孔多鎮一連竟下了4年11個月
零2天的大雨,這令人想起《聖經》裡諾亞方舟的故事。作者
認為這些離奇的魔幻不是製造出來的,而是現實本身就有魔
幻的成分。他舉了不少例子,像安第斯山區的暴風雨可以持
續5個月,所以說,小說中描寫烏孔多一連下了4年11個月零
2天就不算很離奇了。馬奎斯用這些實例來證實魔幻與現實的
關係,並非認定現實本來如此,他還是認為魔幻是一種對現
實的藝術誇張,是印第安原始信仰中的魔幻觀念與種種外來
文化的奇妙融合,產生了「魔幻現實主義」無窮的藝術魅力。

(四)博赫斯、卡爾維諾的後現代小說

　　豪爾赫‧路易斯‧博赫斯 (Jorge Luis Borges),是西方
評論界公認的後現代主義文學家,他是阿根廷詩人和小說
家,生於布宜諾斯艾利斯市,第一次世界大戰期間,先後在
英國的劍橋、瑞士的日內瓦受教育。大戰結束後,在歐洲各
國遊歷,並在西班牙居住了一個時期。1920年起開始寫詩,
與當時歐洲的前衛派文學發生了共鳴。1921年回到布宜諾斯
艾利斯,在該市的幾個公共圖書館任職,同時從事寫作、講
學、編輯期刊等活動。1923年出版了第一本詩集《布宜諾斯
艾利斯的熱情》,接著又出版了兩本詩集:《面前的月亮》

（*1925*）和《聖馬丁的手冊》（*1929*）。其後轉向短篇小說創作，有短篇集《世界性的醜事》（*1935*）、《交叉小徑的花園》（*1941*）、《小說》（*1944*）、《阿萊夫》（*1949*）、《死亡與羅盤》（*1951*）、《勃羅迪的報告》（*1970*）。此外，他還寫有大量的散文、小品文和文學評論。

　　博赫斯是阿根廷當代最重要的小說家，他較早借鑒西方現代派的藝術技巧結合本民族的文學傳統進行創作，對拉丁美洲文學，特別是對六十年代中期興起的「魔幻現實主義」高潮有深刻影響，但他並不是「魔幻現實主義」作家。他自己創造了一種新的小說流派，被評論家們稱爲「極端主義」、「宇宙主義」或「卡夫卡式的幻想主義」。不管叫什麼名稱，概括起來，它有四大特點：題材的幻想性，主題的哲理性、手法的荒誕性，語言的反覆性。而後兩點恰恰是後現代主義文學的基本要求。

　　博赫斯早年受歐洲廿世紀初各派哲學思想的影響，後來又一直生活在圖書館寂寞冷落的環境裡，所以他創作的題材多數是在閱讀各種書籍時觸發的幻想。如同許多西方人一樣，博赫斯也認爲東方充滿著神秘，因而東方就成爲他喜愛的題材。名作《交叉小徑的花園》所寫的中國，就是例子。當然，他也不是完全不寫他的祖國，但是在他眼裡，阿根廷並不是當前的現實，而是遙遠的南方，那裡的草原，那裡的加馬喬，那裡的古老的城市，還保留著傳統的、封建的、落後的神秘性。

　　他描寫這種幻想的題材所要表現的主題，則是他的哲

理,或者說,就是他的人生哲學。其要旨就是:世界是一團
混亂,時間是循環交叉的,空間是同時並存的,充滿著無窮
無盡的偶然性和可能性。人生活在世界上,就像走進了迷宮,
既喪失了目的,也找不到出路。《交叉小徑的花園》就是這種
人生哲學的集中表現,因而被認為是博赫斯的代表作。據現
有的傳記材料介紹,博赫斯愛讀貝克萊、休謨、叔本華的著
作,他的這種思想可能就是不可知論、宿命論和唯我主義的
混合物。

在寫作技巧方面,博赫斯的作品包含著很大程度的荒誕
性。一方面,他總是利用一個次要情節引出主要情節,而兩
個情節之間的關係又頗為荒誕。另一方面,在細節描寫中,
也有許許多多的荒誕之處。作者所構思的這種荒誕情節,卻
正是作者的「人生就是迷宮」這一思想的體現。博赫斯也有
意識地運用一些反覆的描寫,重複的詞句,以加強這種時間、
空間上的錯綜和混亂。他經常提到《一千零一夜》;他描寫房
屋總是鮮紅色的,後來褪成玫瑰色;他在《交叉小徑的花園》
裡反覆使用「圓」字,還有許多慣用的意義特殊的用詞。這
可能就是後現代強調的「互文」和「複製」手法。

伊塔洛‧卡爾維諾 (Italo Calvino, *1923—1985*),義大
利著名作家,被佛克馬稱作是繼博赫斯之後又一位真正的後
現代主義者。荷蘭尼日根大學教授厄勒‧繆薩拉曾著文〈重
複與增殖:伊塔洛‧卡爾維諾小說中的後現代主義手法〉,對
卡爾維諾新近發表的幾部小說作了詳盡的分析。這些作品是
《如果在冬夜,一個旅人》、《多重命運的城堡》、《城堡》、

《看不見的城市》等。

《如果在冬夜，一個旅人》體現了卡爾維諾對反省的和指涉的寫作模式的綜合性運用。這是一部反省手法起主要作用同時又被超越的作品，就像博赫斯某些作品一樣，《如果在冬夜，一個旅人》本質上是一部談論書的書。它主要談到書籍的產生和消費，也談到了詩學和美學問題，特別論及了敍述學問題。與此同時，這部小說還以滑稽模仿的方式對古典和現代文學傳統的某些階段進行了「改寫」。但是，這部小說的反省特徵並沒有阻止它主要以諷刺的方式來實現對當代現實的指涉，如各種公衆文學習俗，從事半腦力勞動的資產階級的某些時髦生活方式等。顯然，卡爾維諾的讀者應是既關心書本又關心現實的人。這種開放性的形成，首先是由於小說運用了社會諷刺手法；其次，則利用了各種大衆喜愛的(諸如推理小說的、恐怖小說的、間諜故事的) 敍述模式；第三，由於小說突出強調了閱讀過程。這些都使得《如果在冬夜，一個旅人》成爲典型的後現代作品。

《看不見的城市》(1972) 是卡爾維諾用「改寫」的方式進行複製的。卡爾維諾的這個文本在馬可波羅的經典文本《世界奇異書》找到了自己下筆的起始點：主幹故事，旅行路線，固定的基本時空參照系統，以及主人翁在異國現實裡一再碰到的令人嘆爲觀止的奇異事物等等。但卡爾維諾沒有涉及《世界奇異書》裡所描述的區域性的具體現實，而是描述了一大批只存在於馬可波羅的想像、記憶、夢幻和憧憬裡的「看不見的城市」。透過旅行所表現出來的小說情節的時空邏輯被

打破了。馬可波羅沒有敍述他從一個城市到另一個城市的旅行，而是在構成故事主幹的他和忽必烈汗的交談裡，對一個又一個城市作了大同小異的抒情式描述。整個文本（指《世界奇異書》）被分割成一串主要由對所訪問的城市不是這個樣子而可能是那種樣子所作的描述構成的非常短小的片斷。這些形形色色的片斷被按照一套由不同典範組成的、固定的格式編串在一起：時而是一組「記憶中的城市」，時而是一組「理想中的城市」，一組「有標記的城市」，一組「冷冷落落的城市」，一組「名存實亡的城市」，一組「天國裡的城市」，一組「連綿不斷的城市」，以及一組「神秘的城市」——這一組組的城市在書中交替出現。這種片斷的描述又與對過去和未來、自然和文化、表層和深層、水、空氣和土壤等一般性事物的描述、以及對工藝技術和現代都市膨脹等具體事物的描寫穿插進行。這種交替手法與一種增殖的過程結合在一起：每一類城市都增殖為五個城市。這種佈局系統看起來可能非常簡單，可作者採用了一種富有獨創性的重新安排的形式，把這一佈局系統「改寫」得越來越複雜。

　　《多重命運的城堡》是卡爾維諾依靠改寫別的文本創作而成的。小說由「多重命運的城堡」和「多重命運的小旅館」兩個部分組成。第二部分可以被認為是對第一部分進行改寫的結果。作者在「小旅館篇」和「城堡篇」的主幹故事裡，採用第一人稱的敍述視角，敍寫了一些旅館是座孤零零的城堡／小旅館裡邂逅相遇。在穿過環繞著城堡／小旅館的森林途中，所有旅客都有一番令人毛骨悚然的經歷，他們都被嚇

得連話都不會說了。他在餐桌上看見一副紙牌，晚飯後，每個人都用紙牌上的畫像來講述自己的經歷；其過程是：每位旅客選擇一張代表自己的紙牌──一個紙牌上的人物（騎士、國王、王后、隱士或魔術師等），旅客似乎認為自己就是那個紙牌上的人物，然後，旅客又在代表自己的那張紙牌旁邊，豎著或橫著放下一組別的紙牌（例如世界、太陽、月亮、瘋子、被絞死的人、命運或正義），用來表示他的經歷中的主要階段，然後用第一人稱來講述或解釋這些由紙牌代碼組成的各人的故事，這其實是一種意義的複製。

　　小說《城堡》也是卡爾維諾改寫和複製別的文本而寫成的。作者在《城堡》的主幹故事裡穿插進被改寫的中世紀童話、「人民喜愛的著作」、騎士的傳奇經歷，以及古希臘和莎士比亞的悲劇，甚至還引用了卡爾維諾自己的作品，如《不存在的騎士》、《樹林子裡的男爵》和《看不見的城市》裡的一些片斷。在第一個故事裡，作者集中了神話故事中的精彩片斷，敘述那個正在周遊世界尋找新娘的騎士，因為冒犯森林仙子而受到仙子的懲罰。在騎士歷險的最後階段，他被「肢解」，從而變成了一個平庸的人。第二個故事是浮士德故事的新編，第三、第四兩個故事展示了一種對「悼亡舞蹈」和「死者的褻瀆」這類中世紀母題的荒誕的看法。在第五、第六兩個故事──奧蘭多的故事和阿斯特爾福的故事裡，作者對《瘋狂的奧蘭多》一些片斷進行改寫。然而這些「改寫」部分在小說的第二部分又被作者重新改寫和敘述，進而構成整部小說。可以說卡爾維諾的作品充分體現了後現代主義文學

強調改寫、複製、增殖的寫作要求。

(五)貝克特、品特與荒誕派戲劇

「荒誕派」是二次大戰後出現在西方的一個重要的戲劇流派。此派的後現代性主要表現在：作品主題的荒誕性，即認為宇宙和人的存在是荒誕的、無用的、沒有意義的；寫作方法上的反傳統和反戲劇。此派最初產生於法國巴黎，隨後又以巴黎為中心迅速向歐美擴展，終於成為五十～六十年代統治西方劇壇的一股強大的文學潮流。「荒誕派戲劇」一詞最早出自美國戲劇評論家馬丁・艾思林 (Martin Esslin) 的著作《荒誕派戲劇》。荒誕派戲劇的代表作家和作品有：薩繆爾・貝克特 (Samuel Beckett) 的《等待果陀》(1952)、《最後的一局》(1960)。歐仁・尤涅斯可 (Eugene Ionesco) 的《椅子》、《禿頭歌女》(1950)，哈羅爾德・品特 (Harold Pinter) 的《一間屋》(1957)、《生日晚會》(1958)、《看管人》(1960)，愛德華・渦比 (Edward Albee) 的《美國夢》(1960)、《誰怕弗吳爾芙》(1962)。

荒誕派戲劇受存在主義哲學思想影響，加上二次大戰留下的精神創傷，使人們感到人和宇宙的存在都是荒誕的，因此，在荒誕派的筆下，人與世界、人與人、人與物、人與自我等方面的關係也是不可理解的荒誕的。他們認為外部世界是毫無意義的，它本身就是一個荒誕的存在；人與人之間的關係也是互相隔絕、孤獨和陌生的；在人與物的關係上，物壓迫人、主宰人，人已被物異化；在人與自我的關係上，人

不知道自己究竟是什麼，失去了自己的本質，失去了自我。

　　荒誕派作家在表現形式和手法上採用了一套與傳統戲劇截然不同的荒誕手法：沒有情節結構，沒有人物形象，常用夢幻、惡夢和象徵手法，沒有連貫的語言，其道白常常是枯燥無味的陳腔濫調，不斷重複的嘮叨絮語，思維混亂、語無倫次的雜湊，不合語法結構的句子。這些「反戲劇」的特點恰好是後現代劇作家所刻意追求的。

　　貝克特出生在愛爾蘭的首府都柏林，學生時代曾遊歷巴黎，與僑居巴黎的現代派作家詹姆斯‧喬伊斯相識，並在創作思想上受其影響。貝克特從廿年代末開始寫作，最初寫詩、短篇小說和評論文章。1930年發表詩作《婊子境》，比現代派詩人艾略特的《荒原》還要晦澀難懂。1931年出版評論著作《普魯斯特》，1938年出版長篇小說《莫菲》，1945年又出版長篇小說《瓦特》，此後他就改用法文寫作。在1946年至1950年間，除劇本外，還有三部曲小說《馬洛依》、《馬隆納之死》和《無名的人》，其中《馬洛依》曾被某些評論家稱爲廿世紀最佳小說之一。1945年以後寫的東西越來越少，1957年寫過劇本《最後一局》。1969年他獲得諾貝爾文學獎，獲獎是因爲「他的具有新奇形式的小說和戲劇使現代人從貧困境地中得到振奮」。瑞典皇家學院在授獎演說中，還把他的劇作與古希臘悲劇相比，說他的戲劇「具有希臘悲劇的淨化作用」。

　　《等待果陀》（1952）是貝克特的代表作，也是荒誕派戲劇中最具代表性的。劇作原用法文寫成，後由作者自譯成英文，1923年在巴黎演出後，引起轟動，連演300多場，巴黎的

街頭巷尾和酒吧、咖啡館裡，到處都在議論這齣戲。兩熟人
見面打招呼，一個問：「你在幹什麼？」另一個就回答：「我
在等待果陀」，可見其影響之深廣。

《等待果陀》一劇的意義是不可解的，後現代作家也拒
絕解釋，但一般人們渴望解釋，認爲此劇主題爲「等待」，但
等待什麼，果陀究竟是誰，爲什麼要等待它，卻不甚了了，
衆說紛紜。1958年該劇在美國上演，導演問作者果陀到底代
表什麼，他回答說：「我要是知道，早在戲裡說出來了」。貝
克特像其他荒誕派作家一樣，把客觀世界看作是荒誕的、殘
酷的、不可思議的，劇中的世界只是光禿禿樹的荒原，人物
是瘋三，奴隸及奴隸主。這些人物的言談和行爲都跟客觀世
界一樣無聊和不可思議，尤其是幸運兒胡言亂語的長篇獨
白。所以，有的評論家認爲此劇是「揭示人類在一個荒謬的
宇宙中的尷尬處境」。從「反戲劇」的角度看，此劇也有典型
性。從古典戲劇三一律的角度看，《等待果陀》能使觀衆明顯
地感到時間的無聊和無窮無盡、地點的不可知和動作的荒謬
與零碎，語言的雜亂無章。然而，這種「反戲劇」的特點正
是後現代戲劇所追求的目標。

品特是美國當代荒誕派戲劇的代表人物，生於倫敦東部
哈克尼一個猶太人的家庭。1948年，他到美國皇家戲劇藝術
學院學習；1950年開始寫作，並參加劇團演出；1975年，他
寫出第一個劇本《一間屋》，從此成爲專業作家。後在法國荒
誕派影響下，他開始新的戲劇實驗，很快引起了人們的注目。
他的作品精煉新穎，形式多樣，有獨幕劇和多幕舞台劇，也

有電視劇和廣播劇。主要作品有：《一間屋》（*1957*）、《升降機》（*1957*）、《生日晚會》（*1958*）、《看管人》（*1960*）、《侏儒》（*1961*）、《搜集證據》（*1962*）、《茶會》（*1965*）、《歸家》（*1965*）、《昔日》（*1971*）和《虛無之鄉》（*1975*）等。

　　品特深受貝克特、卡夫卡等人的影響，他的作品與法國荒誕派有許多類似之處，如表現人的失去「自我」，在一個荒誕不經的世界裡茫然不知所措，以及人與人之間的隔絕等。但是，品特也有自己的特點：作品的背景多是戰後或當前美國人的日常生活，人物多爲失業者、小職員、資本家以及形形色色的下層人物。他的作品常把不可知論推向極點，環境標緲不定，事件隱約不清、影影綽綽，似是而非。這些戲劇藝術的創新和探索，使西方評論界把他歸入後現代作家之列。

　　《看管人》是品特名劇之一。它是個三人三幕劇。小商人米克、失業者阿斯頓和流浪老頭戴維斯，同住在一所破舊的房子裡。第一幕開始，阿斯頓把戴維斯帶到房子裡，出於同情，讓他住在那裡；第二天，阿斯頓抱怨他晚上說夢話，他卻誣說是隔壁的黑人。阿斯頓出門，讓戴維斯照顧房子。第二幕以米克和戴維斯的對話展開。米克抱怨他哥哥阿斯頓太懶，主動提出讓戴維斯看管房子，實際是引誘戴維斯充分揭示「自我」。第三幕，戴維斯利用阿斯頓的自白，忘恩負義，夢想自己成爲房子的管家。當阿斯頓又抱怨戴維斯吵得他睡不著時，戴維斯卻儼然以主人自居，阿斯頓讓他另尋他處，他卻讓阿斯頓出走。米克這時態度驟變，大發雷霆；戴維斯

反覆乞求留下來，但他還是被蟲走了，從而失去了最後改變
生活的機會。

　　此劇涉及到種族歧視問題，認為種族歧視的感情會影響
和平。劇本表現了兩代人之間的矛盾，反映了一定的社會精
神面貌。劇本的背景和人物都很真實，但又都不甚確定，沒
有結果，在現實生活裡又顯得神經怪誕。劇本多用象徵和比
喻，語言簡煉、對話常停頓並出現沉默場面，這些都使此劇
具備了後現代戲劇的某些特點。

㈥中國新時期文學中的後現代主義文學現象

　　儘管西方學界和中國學院派學者不承認中國當代文壇上
有過真正的後現代主義文學，然而後現代主義作為一種世界
性的文化思潮不可能不對改革開放的當代中國發送影響。這
種影響首先表現為中國學者對後現代文學的譯介，其次表現
在中國新時期作家的自覺移植、實驗和創新，進而形成聲勢
不小的後現代文學潮流。就譯介而言，80年代初《外國文學
報導》、《外國戲劇》、《世界文學》等雜誌陸續介紹了西方後
現代主義理論和作家作品，約翰‧巴斯的論文〈補充的文學〉，
馬丁‧埃斯林的〈荒誕派之荒誕性〉，阿蘭‧洛德威〈展望後
期現代主義〉，弗里德曼編輯的《黑色幽默》等都被介紹到中
國。像後現代主義著名學者伊哈布‧哈山、佛克馬、詹明信
先後來中國高校講學，介紹和傳播後現代主義理論，尤其是
詹明信的《後現代主義與文化理論》對中國學界產生了巨大
影響。

　　後現代主義對中國當代文學的影響，較早出現在新時期小說創作中。儘管這種影響是不自覺的，往往與現代主義纏結在一起的。如早在八十年初，潭力的〈一個星期六的晚上〉、徐軍的〈近的雲〉等作品，在現代主義的框架中已顯露出反文化、反矯飾、青春調侃的基調，以及口語化、零散化的敘事風格，都傳達出後現代主義的情緒。這些在後來的徐星的〈無主題變奏〉、陳村的〈少男少女，一共七人〉等作品中得到進一步加強。其特點表現在以下三個方面：

　　第一是非虛構小說的大量出現。非虛構小說以紀實性和紀實風格為基本特點，如80年代中後期大量出現的紀實小說、實錄小說、仿紀實小說以及某些報導文學作品。這類作品以一種口語化的敘事方式，排除創作主體的強行介入，消解文學的神秘性和寓意性，盡可能貼近生活，回到生活的表層。如陳村的〈一天〉用一種拖沓、繁複、瑣碎的語言，敘述了一位普通工人張三非常平淡的一天。陳村自己說：「〈一天〉的行文猶如張三的生活，重複又重複。用的字很少，句型更單調，句尾除了『的』就是『了』。其中沒有一句話是不可刪去的。其中有三句病句。」「句子是無意義的」。陳村這種非藝術的敘述，拆除了文學作為對生活的超越所追求的象徵和意義，用一種表面的真實粉碎了藝術的想像時空，突出地表現了後現代作品對意義的漠然，對平面的熱衷，簡直可以說是一種零度寫作。

　　第二是「反主流」小說的出現。所謂反主流，就是對傳統文化觀、價值觀和審美觀的嘲諷甚至是反動。但作為後現

代主義的小說與現代主義的激烈對抗和否定有所不同，它是
對傳統的一種消解和顛覆，揭示傳統賴以存在的虛假的根基
和支點，恢復人在擺脫了這種傳統的束縛之後對生活的感受
和權利，使人生活於一種自由自在——但不是自私自利
——的文化眞空中。這種反主流性，在劉毅然、葉兆言、蘇
童、格非、余華、方方、王朔等人的作品中有不同程度的表
現。如王朔的〈橡皮人〉、方方的〈白駒〉寫的都是一些極平
凡的普通人，是生活的旁觀者、局外人。即使是捨身救人的
英雄（〈白駒〉），其目的並非出於某種崇高的動機，而完全是
爲自己的私利——錢。這正是對英雄傳統，對某種道德理想
的一種嘲諷或懷疑，對人生的深度模式的拆毀，在生活的表
層裡遊戲人生。

　　第三是「反小說」的實驗性作品的勃興。所謂「反小說」，
就是對傳統小說的整體性、因果性、連續性、規律性等程序
和規範的叛逆，使小說不成其爲小說。它與現代主義的前衛
小說不同，現代主義作爲現實主義的反對，它力圖用一種新
的小說觀念來取代傳統的小說觀念，而「反小說」作品則趨
向於取代傳統的小說觀念，而且「反小說」作品則趨向於對
小說觀念的一種後現代主義的解構，使小說不再有統一的規
劃、整合的意義，而成爲一種文本的遊戲。在小說的意指行
爲中，表層的所指系統並不必然引向一個深層的所指意義。
這類作品中，以馬原的〈內底斯的誘惑〉最爲突出。小說在
五個方面表現出典型的後現代主義特徵：(1)它是三個若斷若
續故事的非邏輯性套層組合。一個是窮布狩獵的故事，一個

是陸高、姚高的故事，一個是頓目頓珠的故事。這三個故事
幾乎毫無關聯，而在人物上則又有某些重合。這種結構實質
上是對結構的顛覆。(2)它的敘事視角隨意轉換。小說有時用
限制性的第一人稱敘事，而有時又是全知性的第三人稱，甚
至還有第二人稱敘事，即使是同樣的第一人稱，但所代表的
發言主體也各不相同。沒有統一的敘事者和敘事視角，因而
就沒有統一的小說世界。(3)敘事規則的自我破壞。小說敘事
必須提供某種假定性，使讀者信以為真。但馬原則故意暴露
這種假定性，阻礙讀者進入這種敘事流程。例如，小說中有
一個重要人物，名叫「姚亮」，但他又隨時提醒你「姚亮並不
一定確有其人。」他似乎故意調戲讀者，在破壞小說規則的
同時也破壞著我們對小說的閱讀習慣。(4)敘事方式的任意選
擇。敘事方式是因果邏輯制約的，但是在馬原這部小說中，
順敘、插敘、倒敘多重交替使用，卻並無固定的規則，也沒
有時間的連續。這事實上是對小說的固定的時間觀的有意破
壞。(5)體裁、樣式的雜合。這部作品有時像情節小說，有時
像民間傳說，有時又像紀實小說，結尾還插進兩首長詩。這
種混和是對小說文體的刻意嘲弄和破壞。以上這些特點非常
突出地表明了後現代主義顛覆性、消解性的特徵。可以說〈內
底斯的誘惑〉這樣的作品已算得上真正的後現代主義作品
了。

　　西方後現代主義對中國當代文學的影響，這明顯地表現
在興起於八十年代中期的實驗詩。這個實驗詩潮雖流派林
立，口號駁雜，但卻有一致的傾向：反崇高、反文化、反理

性、反意象。此派詩人所受的影響，主要來自西方的「黑色幽默」、「垮掉派」、「黑山派」、「自由派」，以及反詩歌的智利詩人帕拉等。例如實驗派詩人非常欣賞帕拉的反詩歌：

什麼是反詩人？

一個販賣棺材和骨灰盒的商賈？

一個什麼也不信仰的教士？

一個對自己懷疑不定的將軍？

一個嘲笑一切的流浪漢

甚至嘲笑衰老和死亡？

一個跳到深淵邊緣的舞者？

一個愛著全世界的自我欣賞者？

……

一個饒舌者？

一個神？

一個天眞的傻瓜？

一個聖地牙哥的鄉下佬？

你認爲哪句正確

就在下面劃一道線。

〈測驗〉，此詩嘲諷、譏刺、可笑甚至荒唐，奇特的想像、壓抑的氣氛、怨忿的情緒，無論詩的技巧或風格都影響過實驗詩的許多派別，如「大學生詩派」追求的那種日常生活式的風格，「莽漢主義」、「北京四人」、「咖啡夜」等追求的粗礪而突兀的表象。「海上詩群」的默默寫下了這樣的詩句：

一個散步真愉快

路過毒蛇脫殼的花園

路過思想的戰場

路過懷念雨聲的梧桐

路過哈哈鏡收藏家的別墅

心像太陽下的石頭

躺著站著樣樣都行

真愉快一個散步

每一條路都像少女

路過恩人家就敲開他的門

面對面覺得一會兒他的臉像枯萎的荷葉

散步一個人真愉快

調侃的氛圍，揶揄的態度，把詩的莊嚴感、崇高感全抹去了，還其平民性和日常生活的瑣碎和雜亂。

實驗詩反文化主要是透過反語言、反意象的途徑實現的，他們試圖尋找一種新的詩歌語言，即能直接契入生活、直接傳達思想、情感的原始語言，以及雜亂的、醜陋的、破碎的意象。如「大學生詩派」消滅意象，對語言再處理的目的就是要直接說出想說的，「越低空飛行主義」在莫名其妙的藝術自釋中有幾句相當明瞭的關於語言的解釋：「用最驚奇、警醒的符號和語言與世界對話，以其荒謬還其自然」。所以，語言的俚俗化、怪誕化、形式的放任自流，技巧的一片空白，成為實驗詩的基本特徵。

　　實驗詩人們反理性的衝動產生於他們自身對生活的體
驗，他們用僅僅是個體的自己，潛入生命底層、窺探生命存
在的奧秘，潛入生活的原生形態體驗生活本來的平庸艱難和
沉重。於是他們的詩走向了理性稀薄的空間。他們認爲現實
世界無眞理可言，世界的本質是知識、非思想的。這一系列
非理性「理論」顯然是在西方後現代主義的影響下形成的。
他們寫「站在窗前一分鐘裡的種種恐懼、疑慮（宋琳：〈站
在窗前一分鐘〉）；寫「病房」中感受到的惶惑。再把這些情緒
和意識認定爲世界性的，現代人所共有的（曹漢俊：〈病
房〉），可以說「失群的孤立與無目的人生」是大多數實驗詩流
露出的情緒。這種自身的體驗促使實驗詩人們選擇了後現代
主義，後現代主義又加深了這種體驗，於是實驗詩就出現一
系列混亂：非邏輯的思維、隨意的不連貫的形象、瘦削的隨
隨便便的年輕人等等充斥於詩裡行間，使詩成爲一堆無序
的、缺乏詩意的語言垃圾，而這恰恰又是後現代詩人們所追
求的效果。

參考書目

1. 佛克馬、伯頓斯，《走向後現代主義》，北大出版社。

2. 陳燾宇、何永康，《外國現代派小說概觀》，江蘇人民出版社。

3. 袁可嘉等選編，《外國現代派作選》第三、四兩冊。

4. 唐正序、陳厚誠，《廿世紀中國文學與西方現代主義思潮》，四川人民出版社。

5. I. Hassan, *Postmodern Turn,* Ohio State University Press, 1987.

第二章

後現代美學

後現代美學是後現代主義文化的一個重要組成部分。由於美學從本質上講屬哲學範疇，而後現代哲學又是後現代文化的核心，這樣，後現代哲學、後現代美學與後現代文化三者就往往成為一個互相交織的混合體。歐美眾多後現代理論家也往往是集三者於一身，很少有人專事研究後現代美學而擯棄其它。

一、高達瑪與詮釋學美學

高達瑪（H. G. Gadamer, 1900-），當代詮釋學哲學和詮釋學美學的重要理論家。1960年其哲學著作《真理與方法》的出版，標誌著哲學詮釋學作為後現代思想的初階正式登上當代哲學論壇，這部里程碑式的著作不僅奠定了他一生研究的主導方向，也為他帶來了巨大聲譽。

高達瑪在詮釋學領域確立了自己的真理觀：真理就是存在的敞亮，即展露自己並隨之拋棄其他內在者的證明過程，人生意義的本真闡明，並以此為基點重申藝術真理的重要

性，在揚棄現代美學的基礎上，將其哲學的後現代精神推進
到美學領域。在《眞理與方法》第一部分，他對藝術眞理問
題進行重新審視，推出了他的藝術經驗本體論和詮釋學美學
原則。在1964年發表的《美學與詮釋學》中，更進一步提出
自己的詮釋學美學思想。在1967年出版的《短篇論著集》第
二卷，幾乎全是論述詮釋學美學和文學的文章，1977年又出
版《美的現實性》。由此可見，高達瑪對美學的關注是一以貫
之的，他正是在哲學詮釋學的根基上建起了自己的詮釋學美
學大廈。

高達瑪認爲，藝術與哲學之間沒有根本區別，藝術和哲
學的終極目的都是「在」，其任務都是追問「在」的意義。正
是在這個意義上說，美學是詮釋學的組成部分。因爲，審美
就是詮釋學的一個時刻，就是我們被藝術品所吸引的那一時
刻，而這一審美時刻又由那種去獲得理解和自我理解的詮釋
學任務加以完成的。由此出發，高達瑪強調審美理解的本體
論地位，因爲審美理解不僅能論證藝術的眞理性，而且能使
藝術重新獲得眞理性。其主要理由是：

第一，審美理解是人類整個世界經驗中的重要部分，而
審美理解對象實在是存在的敞露，是我們所面對的一個世
界。人們在藝術中所看到的正是自身的存在狀況，對每個人
而言，藝術本文都是一種開放性結構，因而對藝術本文的理
解和解釋也是一個不斷開放和不斷生成的過程。「對一文本
（text）或藝術品眞正意義的發現是沒有止境的，這實際上是
一個無限的過程，不僅新的誤解被不斷克服，而使眞義得以

從遮蔽它的那些事件中敞亮，而且新的理解也不斷湧現，並揭出全新的意義。」(《真理與方法》)。正因為藝術本文意義的可能性是無限的，本文的真正意義是和理解者一起處於不斷生成之中，所以高達瑪堅持藝術的理解和解釋也是多樣的、無限的。

第二，審美理解是在傳統偏見中進行的。高達瑪認為，由於每個人都處在自己特定的時代氛圍中，具有自己的文化歷史傳統和獨特的境況，所以每個人對藝術本文的理解都會打上自己的個性和存在的烙印。這樣，理解的歷史性同時也構成了理解者的主觀偏見，而主觀偏見又構成了解釋者的特殊視界。因而理解者的視界與對象內容所包孕的過去視界在理解中達到一個嶄新的視界。他認為，要消除歷史性和主體性，無偏見無主觀性地「理解」根本不可能。因為藝術詮釋活動就是主體參與的理解和體驗活動，必然帶有一定的主觀性，這種主觀性是對藝術作品本文加以理解不可缺少的「前結構」。正由於有這個「前結構」所蘊含的主觀性，作為詮釋活動結果的「意義」，就不能是純然客觀的，而成為主體創造性理解。也就是說，在理解活動中，作品產生了新的意義。可見，理解是生成的，是主體選擇的結果，也是人存在的本體活動。理解充分體現出人的精神存在的能動性和創造性，它對作品意義的尋求活動本身就是人精神生命的實現和拓展，是人生的基本模式。

第三，在高達瑪看來，不僅要把藝術作品作為一個本文去理解，而且藝術作品的意義是不能脫離接受者的，而是依

賴於理解者的理解傳導。正是由於對接受者的重視，正是對
作品意義的尋求中強調理解者與作品的「視界融合」，正是把
讀者的體驗和理解看成是對藝術作品本真意義的揭示，高達
瑪格外注重「效果史」這一重要範疇。他認為，理解從來不
是一種達到某個所給定對象的主體行為，而是一種達到「效
果歷史」的主體行為。所謂「效果歷史」就是理解者和理解
對象相互作用、相互融合的歷程。這表明藝術品是超越產生
它的那個時代，它在不同時代中被重新理解，產生新的意義。
因此，「文學對每個現代而言都是當代的」(《真理與方法》)。
藝術本文的意義必須透過審美理解的歷史性方能得到呈現，
而同一藝術本文的無限多樣的意義也只能在審美理解的嬗變
中得到確證。因此，審美理解並不需要對作品原意的復原，
也無法復原，而需要一種創造性的審美態度。

　　透過對審美理解的分析，高達瑪認為藝術真理是存在
的，它存在於主體對藝術作品的參與性體驗之中，所以真理
是由作品實現的、並被參與其中的讀者所接受和影響了的現
實的顯示。正因為如此，藝術不會消亡，它將在每一個時代
的新的理解中成為永恆的現在。

　　1985年，高達瑪寫了《自我批判的嘗試》。這篇晚年自我
反思的文章，完成了他由開始的「形而上學」詮釋學到關注
後現代生活實踐哲學的轉變。他希望人類以正確的理論指導
善良的實踐生活，努力擺脫戰爭、能源危機、人口問題和信
仰危機。他呼籲以理性作為人類政治生活的準繩，以審美不
斷陶冶人們的大智大勇、大慈大悲的情懷，使人日益掙脫本

能而躍上理想的屬於人的新生活境界。

二、姚斯、伊塞爾與接受美學

以姚斯（Hans R. Jauss）和伊舍（Wolfgang Iser）爲代表的康斯坦茨學派在本世紀六十～七十年代迅速崛起，他們對當時只注重文本研究的種種美學思潮提出挑戰，對文本中心論進行反撥，確立了以讀者爲中心的美學理論，實現了文學研究視界的根本變化。其顯著標誌是：1967年姚斯發表的接受美學的重要論文〈文學史作爲向文學理論的挑戰〉和1970年伊塞爾發表的〈文本的召喚結構〉。特別是姚斯的論文對現代美學理論加以清算，使重對象客體的思維向度進一步轉向重主體經驗的理解和解釋的向度，從而將研究重心從新批評、結構主義和現象學作品本體論等注重的作品存在轉向讀者審美經驗的解釋接受。

在接受理論看來，現代文學史的研究由於文學史家外在於歷史的尺度和缺乏自己所必備的審美判斷而陷入了困境。而擺脫這種困境的有效方法便是重建歷史與美學之間的聯繫。於是，姚斯首先從歷史性與共時性兩個方面對藝術作品的歷史本質問題加以考察，提出藝術作品的歷史本質，不僅在於再現或表現的功能，而且其本質也呈現在作品的影響過程中。也就是說，只有當作品自身所包含的歷史連續性不僅透過作者也透過讀者達到相互作用來調節時，文藝才能具有過程特性的效果史。文學作品的歷史生命如果沒有接受者的

能動參與介入是不可想像的。因為,只有透過讀者的閱讀過程,作品才能夠進入一種連續性變化的經驗視野之中。文學作品就像一部樂譜,要求演奏者將其變成流動的音樂。只有閱讀,才能使文本從死的語言物質材料中掙脫出來,而擁有現實的生命。只有讀者才能使作品獲得新的規定性存在,並使其生命在不同時代讀者的重新闡釋與對話中獲得無限的延續。

　　姚斯將「期待視野」的概念引進接受美學中,用來說明讀者閱讀作品的主動性。如果讀者在閱讀中的感受與自己的期待視界一致,讀者便感到作品缺乏新意和刺激力而索然無味。相反,作品意味大出意料之外,超出期待視野便感到振奮,這種新體驗便豐富和拓展了新的期待視野。假如人們把先前的期待視野與新作品出現之間的不一致描繪為「審美距離」,那麼新作品的接受就可以透過對熟悉經驗的否定或透過把新經驗提高到意識層次,造成視野的變化:當接受者與藝術作品中的角色距離為零時,接受者完全進入角色,無法獲得審美享受;相反,當這種距離增大時,期待視野對接受的制導作用趨近為零時,接受者則對作品漠然。

　　姚斯還提出文學接受的兩種形式:垂直接受和水平接受。所謂垂直接受即從歷史沿革角度考察作品的接受、評價和影響的情況。處於不同時代的讀者因各自歷史背景和文化背景的差異,必然對同一作家、同一作品有著不盡相同的理解、解釋和評價。造成這種差異的原因除人的歷史局限性以外,還存在著另一個原因,即「一部作品的潛在意義不會也

不可能爲某一時代的讀者所窮盡，只有在不斷發展的接受過程中才能逐步爲讀者所發掘」(《接受美學》)。所謂水平接受，即指同時代人對文學作品的接受具有同中有異、異中有同的狀況。因此，垂直接受和水平接受，包孕了接受的全部深度和廣度。

伊舍對接受美學的主要貢獻在於對「讀者」作了重要區分，提出了「現實的讀者」與「觀念的讀者」的概念。所謂現實的讀者，就是從事閱讀活動的具體的人，它由普通讀者和專業讀者（作家、批評家）組成。所謂觀念的讀者，就是指從現實的讀者中抽取出來的抽象讀者概念，它又可分爲兩類：「作爲意象對象的讀者」和「隱在的讀者」。前者指作家在創作構思時觀念裡存在的、爲了作品理解和創作意向的現實化所必需的讀者，而後者則指作者在作品的文本中所設計的讀者的作用。在伊舍看來，「隱在的讀者」是指文本中預先被規定的閱讀的行動性，而不是指可能存在的讀者的類型。「隱在的讀者」表明，作品本身是一個「召喚結構」，它以其不確定性與意義的空白，使不同的讀者對其具體化時隱含了不同的理解和解釋。

如果說姚斯早期注重接受美學（讀者中心），中期注重審美經驗中心，那麼到八十年的晚期，由於受到哈伯瑪斯的交流理論和馬克思的生產—流通—消費的「循環模式」的影響，開始注重文學交流理論的研究，希望建立一種超學科的「普遍交流理論」，爲人們提供對文學總體活動過程研究的新思路。

　　與姚斯的宏觀研究相對應，伊舍也從七十年代的讀者審美響應理論轉向八十年代末的「虛構行爲」(fictionalizing-act) 理論的研究。虛構理論認爲，文學包含著眞實、虛構和想像三個向度，虛構行爲不斷超越眞實的界限，而使現實非現實化並使之喪失確定性。同時，虛構行爲透過賦予想像以一種確定的格式塔（*Gestalt*）構成，而改變其不確定性並構成新的現實。伊舍認爲，虛構行爲作爲「行爲理論」的一個方面，在後現代文化中具有重要意義。

三、德希達的解構理論

　　德希達（J. Derrida）法國解構哲學和美學的重要代表。1961年，德希達與法國巴黎的一些熱衷於後現代主義「新小說」研究的哲學家及文學家，如克里斯多娃、索萊爾、雷卡多等人組成了「太凱爾」(Tel Quel) 前衛派文化理論社團，並出版同名期刊和叢書。1966年，在霍普金斯大學舉辦的一次討論美國結構主義時代到來的國際學術會議上，德希達提交了一篇題爲〈人文科學話語中的結構、符號和遊戲〉的論文，對美國結構主義大師李維斯陀的「結構」中心理論加以責難，提出要消解中心和本源，顚覆形而上學的二元對立論，解構統一性和確定性，突出差異性和不確定性。1967年發表《聲音與現象》、《書寫與差異》和《文字語言學》三部著作，對索緒爾的結構主義理論加以攻擊，使德希達被認爲是後現代思潮中一位激進的顚覆者和破壞者。此後又發表了《播撒》

（*1972*）、《立場》（*1972*）、《無聊考古學》（*1973*）、《喪鐘》
（*1974*）、《繪畫中的眞實性》（*1978*）、《哲學的邊緣》（*1982*）
等論著，不斷豐富和發展了他的解構主義理論。

德希達的解構理論，是從「拆除在場」和顚覆秩序入手，
以瓦解形而上學的基礎，進而打亂邏各斯中心主義二元對立
的根深蒂固的系統，動搖了傳統哲學和美學的基礎。

20世紀五十年代，是西方思想界從現代向後現代過渡的
重要時期。就哲學詩學而言，雖有新批評、神話原型批評、
存在詩學、現象學的互相更替。特別是後來居上的「垮掉文
學」和「憤怒青年」的非主體、非歷史的結構主義思潮席捲
歐美。結構主義注重從語言學分析中排除現象學和存在主義
的歷史性和主體性。然而主體隱退了，卻突顯了「結構」，使
「結構」具有了本源性和中心性；而解構哲學的目標就是要
拆除這種具有中心指涉結構的整體性同一性。其拆除方式便
是用「意義鏈」（a chain of signification）去取代「結構」，
從而避免結構的先驗同一性危險。由於意義鏈是無限止的
（open-ended）、非目的論的。所以，它排除了認爲在系統中
有一個具有統治作用的整體的想法；又由於它既是空間的又
是時間的，所以它本身就不會降到整體或對象的地位上去，
這就消解了「結構」的中心性。

在德希達看來，結構主義的「結構」中心性、整體性是
建立在「在場的形而上學」基礎上的。於是德希達便以解除
「在場」爲其理論的思維起點，以符號同一性的破裂、能指
與所指的永難彌合，結構中心性顚覆爲「差異性」的意義鏈

爲自己理論的推演展開。這樣，作爲結構主義的理論核心的
索緒爾的結構主義符號學，成了德希達首先要清算的對象。
他指出索緒爾語言學關於能指與所指的劃分代表了現代主義
的最後一個深度模式。德希達在細緻分析了能指與所指的關
係後指出，由能指（語音形象）和所指（概念）組成的符號
具有任意性特徵，一個概念可以有多種印刷符號，所以，能
指與所指的關係是不確定的。同時符號具有區別意義的功
能，聲音形象（能指）並沒有任何固定不變的確切意義，它
只有與其他能指相區別方能顯示意義。同樣一個概念（所指）
若不與其他概念相區別也不能顯示其確定的意義。因此，只
有差異才能造成特徵、區別意義。由此，德希達認爲任意性
原則和差別性原則僅限於能指，並沒有包括所指在內，即能
指成了它的中心，德希達認爲這是一種形而上學和神學中心
論，必須予以拆除。

在顛覆了在場和消解了結構之後，德希達又對邏各斯中
心主義的二元對立的思維方法進行顛覆。他指出西方傳統的
形而上學思維方法是建立在一正一反二元對立的基礎之上
的，如眞理與謬誤、生與死、有與無、男人與女人，靈魂與
肉體等等。但這種二項對立並非是平等並置的，而是某個詞
語支配另一個詞語，並占有決定的地位，即二元對立的前項
優於或先於後項，因而前項是首位的、本質的、中心的和本
源的，而後項則是次要的、非本質的、邊緣的、衍生的。德
希達認爲這是一種強暴的等級秩序，解構就是要推翻這種等
級序列。因爲在他看來，無論是哲學的，還是科學的，或者

是文學的話語，任何被看作固定的和確定的意義都是虛幻的。意義是流動的、易變的。那種所謂確定的眞理典範是一種適合於我們目的的想像性虛構，它僅僅掩飾了意義的非確定性。

這種二元對立的思維模式，表現在語言學上即是語言中心主義。德希達在《文字語言學》一書中，批駁了索緒爾的語言中心論，指出索緒爾建構的說話（語言）和書寫的二元對立中，仍是以語言爲中心的，書寫（文字）這一符號存在的唯一理由便是表現語言。於是德希達就透過顚倒說話和書寫的次序，移動中心和邊緣的位置來消解這預設在場的形而上學。但這並不是將說話的中心位置移到書寫中心，而是要消解中心本身。這樣就使得說話與書寫具有相同的本性，二者不存在任何中心和從屬關係，也不存在二元對立的關係，而是一種平等的互補關係：書寫是說話的記錄保存形式，說話是書寫的補充形式，書寫與說話都是思想的意義表達形式，二者互相依存，缺一不可。

德希達在破除了傳統哲學形而上學迷霧之後，發現自己將步入重蹈覆轍的陷阱。因爲他是站在傳統概念的基石上來拆除傳統之牆的，這種策略將會陷於自我顚覆的危險，爲了擺脫這一困境，德希達自創了全新的概念系統，如分延（dif-ferance）、播撒（dissemination）、蹤跡（trace）和替補（supple-ment）等。這些模稜兩可、是似而非、亦是亦非、「不斷運動著的」非概念或反概念，不僅可以收到揭形而上學虛假之底的功效，而且還可以免遭重蹈形而上學之厄運。

　　德希達從根本上解構了傳統哲學形而上學邏各斯中心主義之後，便對高達瑪的本文解釋觀發起猛攻，提出了自己的本文解構觀。表「從舊作品觀向新本文觀的轉折」，(參見49頁) 可清晰地看出傳統作品觀、新詮釋學本文觀與解構主義新本文觀之間的差異。

　　概而言之，立足於對本文的解釋，並爲了交流而重設理解的歷史性，這就是高達瑪；立足於對本文解釋的重新解釋，並爲了本文而放逐歷史，這就是德希達。

四、史潘諾斯與存在主義後現代詩學

　　威廉・史潘諾斯 (William V. Spanos)，美國後現代文藝理論家。曾受海德格現象學詮釋理論的影響，成爲美國「新詮釋學」的主要代表。1972年創立並主編《邊界2：後現代文學雜誌》，在美國後現代思潮中，成爲一個推波助瀾的人物。現任美國紐約州立大學教授。其主要論著有：《探測與分界：後現代文學想像札記》(*1972*)、《海德格、祈克果和闡釋的循環：走向作爲話語的後現代主義闡釋理論》(*1976*)、《突破圈子》(*1977*)、《解構和後現代文學問題：走向一種定義》(*1979*)、《複製：文學與文化中的後現代機遇》(*1987*)、《後現代主義曾經是什麼意思》(*1990*)。史潘諾斯的存在主義後現代詩學觀，包括其對文藝的根本看法和對後現代文藝特徵的把握。

　　史潘諾斯承受海德格現象學詮釋學影響，認爲後現代本

從舊作品觀向新本文觀的轉折

傳統作品觀	新解釋學本文觀	解構主義新本文觀
1.作品是書籍表徵出來的實體。	本文是體驗和理解的對象，作品打開一個通道並清理出一個領域，事物在此相遇並彼此作用。	本文是語言活動的領域，本文之外別無他物，本文是一個自我指涉的體系。
2.作品是自足的系統，是自我相關的。	本文在讀者的理解中復活，作家、作品、讀者是一個整體，作品具有被編織而成和與他者編織在一起的特點。	本文與其他本文交織，本文間性使終極意義不復存在。
3.作者與作品具有父子關係。	作者是作品之父，讀者則是作品的再生之父。	本文與作者無涉，是無關的網狀關係。
4.寫戶與閱讀相互分離。	寫作與閱讀通過本文而聯結，閱讀即創造。	寫作即閱讀，閱讀即誤讀。
5.作品總是為表達某種東西（理念、真理、欲望、情感）。	本文說話並呈現意義，它使解讀者達到視界融合並超出原有的視界。	本文以能指為中心，只重視言說行為本身，至於表達的意義是無所謂的。
6.作品創作是嚴肅的嘔心瀝血的事業。	本文是作者與讀者達到心靈對話而消除誤解的中介橋梁，作品具有真誠性。	本文就是一切，本文是語言遊戲，是令人歡欣的。
7.作品是作者思想的外殼，是儲存思想的容器。	本文在言說，總在揭示某種現實存在，語言是存在的家。	本文無意將詞與事物一一對等起來，語言無法掌握現實，語言是存在的牢籠。

文的意義是由讀者解釋而增殖的「新的意義」。由於這種解釋總是無限的、過程的、暫時性的在歷史中展開，因此本文的意義也是無限的。以此爲基點，史潘諾斯揭示了後現代主義與現代主義在詩學理論方面的差異。他認爲西方現代主義詩學的一個重要特徵在於，明確認爲文藝之所以存在，完全在於它使差異縮小，將不確定性和轉瞬即逝的飄逝存在加以形式化和固定化，將存在的意義轉化爲可領悟的符號。因此，形式即本體、形式即意義所在。而後現代詩學與此恰恰相反，認爲瞬間過程在本體論上先於形式，行動高於本文，過程大於結果。後現代形式的尺度是「關於機遇的尺度」，是一種存在於世間無中心的、零散化的尺度。在史潘諾斯看來，「機遇」是後現代詩學根本特徵所在。機遇 (Occasion) 一詞源於拉丁文「日落」(occasus)，並更深一層地淵源於「逝世」、「死亡」(cadere)。它在詞源上讓人領悟到這個詞已蘊含了太陽西沉和存在的必然性意義，這就注定了後現代主義形式的尺度不可能是必然的、可預言的、非歷史的邏輯尺度或超越性理論尺度，而只能是有限的、不確定的以及多元論的尺度，即機遇或隨機性的尺度。它在此的偶然性中處於本源地位，是一種面對死亡而領悟生之意義的有限個體的尺度。

機遇的質點是時間，正如威廉·福克納在《喧嘩與騷動》中所說：「表示一切希望與欲望的陵墓，靠了它，很容易掌握證明所有人類經驗都是謬誤的 reducto absurdum。時間反正是征服不了的，甚至根本沒有人跟時間較量過。」史潘諾斯認爲，人當然無法實在地超越時間，他只有透過詩（藝

術）去把握無限中的有限。因此，從詩的嚴格意義上去理解，寫詩是尺度的測量，藉由測量，人第一次獲得測量他生命廣延的尺度。人是終有一死的存在，只要他棲居，他就能夠尋求生命的詩性意義。他棲居於詩中。在尺度的測量中，賀德林看到了「詩」的本質，通過尺度的測量，人的生命的尺度測量得以完成。可見，史潘諾斯所提出的後現代文學形式的尺度是「關於機遇的尺度」，是無中心的、分散的尺度的觀點，是一種強調個體存在的偶然性、講求差異性的「機遇」論。他認定後現代人要真正理解處身其間的後現代世界，必須面對這一境況：把自己重新置於同更大的意義力量相關聯的位置，以更開放的態度接受偶然性、片斷性和歷史性。從這種典型的後現代思維中，可以聽到存在主義哲學詩學的餘音迴響。

　　史潘諾斯還將海德格的存在主義藝術本體論加以後現代主義化，認為藝術是人面對死亡所領悟的生命意義之光，它將人從昏昧和麻木中驚醒，感到死亡的幽暗和震懾，從而喚醒本真的生命意識——生命是一個過程，旋啓旋滅，不存在任何永恆的超驗的生命形式，一切都將逝去。因此，後現代藝術本體論是一種重生命過程性、偶然性、歷史性的本體論，它排除了任何歷史決定論和邏輯必然性，賦予個體以無蔽本真的意義。於是後現代文學藝術便成為一種渲洩的、不能忘卻的機敏行為、一種復原性的再現藝術。它既是敍述性的，又是空間性的、封閉性的；既是隱匿的，又是遺忘的。正是從這一意義上，我們可以說後現代藝術是一種「忘卻」的藝

術。

後現代文學作者觀也是史潘諾斯理論的一種重要方面。
他一反羅蘭・巴爾特的「作者已死」的說法，堅持認爲作者
本體不僅沒有消逝，而且是後現代文學本體不可或缺的向
度。後現代作家不再像現代主義作家那樣高踞文學聖殿之
上，發出深重的憂患之聲，以一個全知全能的視角去看這世
界上的芸芸衆生，以一種恢宏的氣度去寫一部無所不包的「宇
宙大書」。後現代作家已不是非凡的「創世者」，他同生活中的
平凡人一樣充滿數不清的困惑和對困惑難以言傳的無所適
從。他已不再擔負揭示歷史必然性的使命，而只是將人生悲
劇、生命的偶然性的一角掀起，向人們（包括他自己）展示
人存在的處境而已。「後現代作家不明言小宇宙，他本人從世
人的矚目中悄然隱退。他在無比消極冷漠的距離之中，在一
種客觀性的呈示之中，漠然地修剪他的指甲。後現代作家是
個人生的旅行者，一個明白他或她自己的文化組成角色的男
人或女人，而且總是這樣去扮演自己的角色。這樣一位作家
的創造性或破壞性行爲，帶有開拓和探尋不確定性的印痕」
（《複製：文學和文化中的後現代機遇》）。總之，在史潘諾斯
看來，後現代作者僅僅是一存在於世界之中的「常人」，一位
處身歷史中的說話人，一個從事顛覆和否定的「寫作者」。

五、紐曼與後現代主義寫作模式

查爾斯・紐曼（Charles Newman），美國當代著名文藝理

論家。長期以來注重藝術與社會關係的研究。代表作有《後現代氣息：通貨膨脹時代的虛構行為》。此文代表了美國思想家對後現代主義加以剖析和對抗的姿態，顯示出美國後現代思潮中的另一種態度。

　　紐曼承受班傑明《機械複製時代中的藝術品》的影響，繼承了班傑明的「氣息」(aura) 理論，並用它來剖析後現代工業社會的藝術狀況，認為後現代藝術在自我毀滅和自我零散化的平面中待得太久，使繪畫、電影、文學等後現代藝術園地變成了一堆零亂的廢墟。紐曼反對這種消極頹廢的藝術，希望召回一種清新的氣息，重振人類的精神價值，從文明的廢墟中重展健康人性的完滿性。

　　紐曼指出，在通貨膨脹的當代社會裡，話語膨脹 (inflation of discourse) 成了後現代主義文藝美學的主要表徵。由於話語膨脹致使藝術拋棄了任何昇華淨化之類的浪漫色彩，藝術話語逐漸向日常生活話語靠近。藝術已經中止對終極價值的信仰，它再也不賦予世界的意義，只在形式上不斷花樣翻新，最終導致後現代藝術的深刻危機。這種危機在後現代寫作模式上表現得最為明顯。

　　紐曼認為，後現代主義的寫作模式是一種無體裁的寫作。當體裁瓦解時，在作者、讀者、批評家之間達成的傳統契約的條件與框架就被更改。儘管，無體裁的寫作是一種文學革命的行動，一種衝破邊界，填平鴻溝的活動，然而，「後現代主義的命運卻是當本文從它先定的地位中解放出來時，它既沒有給藝術家提供增長了的富裕，也沒有提供通向觀眾

的嶄新大道,而僅僅爲廣告的闡釋提供了可書寫的空間罷了」
(《後現代氣息》)。

後現代寫作邊界的消失,不僅體現在體裁範圍內,而且
也體現在寫作內容方面。誠如詹明信所言,後現代文學創作
內容上已經不再有「焦慮」之類的深層意味。事實上,後現
代的機遇式的無邊寫作並沒有消解掉「焦慮」,只是將其平面
化罷了。後現代作家遭受到另一種形式的焦慮——非影響的
焦慮,即切斷與傳統的前輩作家對自己的影響,走一條文學
典範徹底創新的道路。例如小說,爲了與前輩的「嚴肅小說」
相對立,後現代小說家被逼進旣不同於「嚴肅小說」又不同
於「消遣小說」的胡同。他們只好創造一種其特徵不是建立
在它摧毀過的某種殘骸之上,而是建立在僅對其消遣小說的
程式化成功之上的截然相反的作品。於是反體裁 (無體裁)
成爲後現代小說的主要寫作模式。

由於小說的理論化,使它侵入了批評的領域,小說也成
爲一種超越體裁的無趣味寫作。小說不再關注諸如形象、典
型、個性、趣味等問題,它僅僅關注語言的貶值,並以對抗
雅文化的行動加速這種貶值。小說占有了其他體裁 (詩、散
文、哲學本文等) 領域,卻獨獨喪失了自己的領地。它不再
講故事,不再敍述,它已退化成一種語言的斷片的隨意聚合。
小說終於徹底對傳統美學加以反叛,它不僅割裂了與時代的
聯繫,而且也拒絕了它的讀者大眾。

作爲併發症,後現代主義詩歌也出現了邊界消失的徵
兆,開始了向散文體的驚人倒退。詩歌喪失了它的生命

——抒情，它已變得莫名其妙和面目全非。紐曼不無諷刺地指出：「後現代主義詩歌旣非具象亦非神秘，它已改變成當代最少喻指卻最具預言性的文學形式。」(《後現代氣息》)。詩歌以其非詩歌的形態消解了詩歌自身。

　　總之，後現代寫作追求的是一種巴爾特式的「零度寫作」，小說已經自我消解了敍事而成爲非小說，批評已成爲沒有尺度的消解遊戲，詩歌放逐了情感和神韻之後，發現自己消逝在它追尋本質的頁碼裡。寫作在後現代那裡成了一種對語言結構的顚覆活動，閱讀成爲一種智力遊戲。

六、佛克馬與後現代文學代碼分析

　　杜威·佛克馬 (Douwe Fokkema)，荷蘭比較文學學者。長期以來致力於西方文藝理論的研究，近期轉向探討後現代主義文學。主要著作有：《廿世紀文學理論》(1977)、《審美經驗的符號學界定與現代主義的時期劃分、代碼》(1982)、《文學史和後現代主義》(1984)、《歐洲文學史中的現代主義》(1984)、《走向後現代主義》(與伯頓斯合編，1986)、《後現代主義研究》(與卡利內斯庫合編，1987)。1984年9月21日至23日在荷蘭烏特勒支大學總體文學和比較文學研究所召開了首次「後現代主義」研討會，一批由荷蘭各大學學者組成的「後現代主義研究中心」承擔了「比較文學史」協調委員會委託撰寫《後現代主義》分卷的任務。於是佛克馬被推上前台，並就後現代主義問題，提出自己充滿審視、懷疑和

矛盾的見解。其中對後現代主義文學本文的代碼分析最爲確
實和精到。

佛克馬對維柯的符號學相當熱心，他的後現代文學研究
的重要特點在於將符號學運用於文學分析之中，藉此去探討
後現代主義文學本文的語義學特徵和句法學特點。

在佛克馬看來，後現代主義本文中非常明顯地運用了若
干特殊的詞彙單位，在博赫斯、馬奎斯、羅布──葛里葉、
卡爾維諾、德溫特等後現代主義作家作品中，諸如鏡子、迷
宮、地圖、漫遊、百科全書、做廣告、電視、攝影、報紙等
一類詞彙使用率極高。然而，有些典型的後現代主義本文中
突出的不是這些常用詞彙，而是渲染過多的語義場。這些後
現代語義場包括「同化」、「加倍與排列」、「感覺」、「運動」、
「機械化」等幾個方面。所謂「同化」，就是指各種差別的消
失，或不同形式的融合，不同領域的混淆。它實質上是否定
一而張揚多，否定明確而張揚模棱兩可。凡具備這個語義特
徵的詞彙都屬於同化這個語義場，如「迷宮」、「無目的漫
遊」、「百科全書」等。「加倍與排列」意在張物繁複混雜，否
棄明晰單一，肯定多而否棄一。屬此類語義場的術語除上面
提到的之外，還有財產清單、偏執狂等。「感覺」的語義場包
括描述或暗示感官功能的所有詞彙單位，它體現了具體性、
世俗性這一語義場，下列詞彙甚至將人還原到沒有本質的單
一感覺：聽見、嗅味、看見、閱讀、鏡子、電視等。同樣「運
動」這個語義場包括諸如旅行、談話、暴力這類代表體力或
腦力運作的詞彙單位。而「機械化」這個語義場則包括描寫

工業化、自動化了的世界之各方面的詞彙：旅行、做廣告、
電視、攝影、計算機等等。佛克馬尋找並列舉這些語義場的
目的，就是用它來對抗現代主義本文的語義結構，測定後現
代主義與現代主義的不同向度，並進而描述出後現代主義運
行的準確軌跡。

　　在一番語義學分析之後，佛克馬進入了後現代主義句法
學研究領域。他認為，後現代主義對高級模式的懷疑影響了
後現代主義本文的句法。後現代主義者經常用滿不在乎的反
諷形式表達具體問題的看法，他們不再具有現代主義的深度
和激情，僅在一種近乎冷漠的戲謔般的反諷和嘲弄中，作出
自己對心理、情節和意義的全面顛覆性解釋。為此，後現代
作家常常在創作中故意讓一些支離破碎的話語形式存在，其
具體手法和表現形態是：句子任意打斷造成意義不完整，需
讀者加以補充；語義前後矛盾，造成可解和無解之間的不確
定性；印刷上進行形式創新，無標點，無大寫，任意分行，
由文字組成圖案形式等等。這樣，後現代主義本文的句子結
構被徹底顛覆了秩序。

　　後現代作家們在拋棄了語言學領域的等級模式之後，又
以本文的片斷性規則支配句子與論說性、描述性和描寫性結
構之間的關係。無選擇性和機遇性觀念使後現代本文在句法
規則上擯棄連續性，而推出以下幾種手法：間斷、累贅、重
複、增殖、排比。「間斷」是對連續性的反動，在句法中所形
成的一種偶然和任意性，啓示出命運或事物的不以人的意志
為轉移；「累贅」則是對簡潔、中心的反動；「重複」與「增

殖」包括本文的加倍、情節的重複、故事結尾的排比等，一個本文中兩個毫不相干的故事相互交叉，形成一種荒誕、冷漠的話語；「排比」（或並置）包括本文與社會語境的排比，語義單位的排比，故事結尾的多種排比，其目的在於確立這樣一種觀念，任何東西都是可能的，每一個故事都可以有無數並列的結尾，每一種結尾都不是完美的，在可能與不可能、真與不真、現實與遊戲之中的選擇是沒有意義的。

後現代主義作家在語義結構和句法結構領域進行了「革新的冒險」，其目的是要摧毀現代主義建造世界模式的各種努力，徹底復原人的斷片處境。這一切都是透過語言顛覆而達到的。在這個意義上說，後現代主義者創造了一種特殊語言，人們必須進入這一語言符碼之中，才能理解他們的本文。應該說，佛克馬在這方面的努力是成功的、獨創的。

七、克里斯多娃與女權主義美學

朱利亞・克里斯多娃（Julia Kristeva），法國女權主義者。主要著作有：《婦女的時間》、《語言中的欲望》（*1980*）、《論中國的婦女》（*1981*）、《恐怖的力量》（*1982*）、《後現代主義嗎？》（*1980*）等。

女權主義作為後現代主義思潮的重要流派，是對「厭女主義」話語的反動，同時也是對女性禁忌和等級秩序的質疑。它從西方馬克思主義那裡獲得了「否定意識」和「批判性話語」；從解構主義那裡獲得了消解男性／女性二元對立與顛

覆既定等級秩序的解放策略；從新詮釋學那裡獲得了「重寫文學史」的視界和對歷史重新闡釋的最佳角度。這樣，女權主義作為一種新的理論話語置入了當代文化，從而使長期被放逐在男性中心權力文化之外的女性「邊緣文化」，成為廿世紀後半葉的熱門話題。

　　女權主義的使命便是顛覆男性中心秩序，確立作為「邊緣人」的女性的主體性地位。但女權主義作為後現代話語的一部分，是在六十年代末發展起來的。克里斯多娃在《婦女的時間》中認為，女權主義的發展經歷了「女權」──「女性」──「女人」三個不同階段。廿世紀初葉到五十年代屬「女權」階段。女性要求政治平等、經濟平等、職業平等，以及精神解放，是本階段女權思想的核心。第二階段是1968年「五月風暴」為上限的新女權主義。新女權主義者一反初期注重平等的策略，強調「性別差異和獨特性」，即強調女性與男性的「性差異」，並以性差異為男性象徵秩序。第三階段，是進入八十年代後出現的「後女權主義者」。她們將「女權」、「女性」加以整合折衷而成為重「女人」的女權主義，不再強調男女的對立，或女性一元論，而是注重多元論，注重女權、女性、女人的統一，使女人成為女人，男人成為男人，消弭衝突、對抗、暴力等男性統治話語，推進愛、溫情、友誼等新的文化政治話語，使世界成為具有新生意義的後現代世界。

　　作為女權主義理論話語中的一個重要組成部分女權主義批評（女權主義美學的主體），其出發點是反對亙古以來的男性中心說，主張將女性世界和女性話語作為研究對象，重新

解讀西方文藝傳統的實踐，向傳統的文學史和文學理論提出
挑戰。圍繞這一根本主題，形成女權主義的兩個學派：英美
學派和法國學派。

　　英美學派經歷了從「女性美學」（六十年代）到「性別差
異比較」（八十年代）的發展演變。「女性美學」的代表人物和
著作有「朱麗婭・潘尼羅普・斯坦利和蘇珊・吳爾芙的《女
性美學》、瑪麗・埃爾曼的《想念婦女》、朱麗葉・米歇爾的《心
理分析學與女權主義》、伊葉思・蕭華特的《婦女的解放與文
學》、瑪麗・雅各布斯《婦女寫作與描寫婦女》等，「女性美學」
主要分析婦女作品中蘊含的女性意識和女性獨特的審美體
驗，並對傳統文學史加以質疑。女性美學認為，婦女的作品
表現出明顯的女性意識，婦女寫作具有一種獨特和清晰連貫
的文學傳統，否認自己女性特徵的女性作家限制甚至削弱了
自己的藝術。同時，女性主義批判了雙性中心文學和批評，
檢驗了文學實踐中厭女癖。女性美學也談論一個失蹤了的民
族，遺失了母親的大地；談論女性方言或母語，談論一個強
大的然而被忽略了的婦女文化。透過女性美學，婦女嘗試在
批評話語中書寫婦女語言，以女性經驗來界定女性主義批評
文體。

　　80年代的婦女批評理論十分重視「性別差異比較」，主要
代表人物和著作有：安內特・科洛德尼的《重讀之圖：性和
文學本文的闡釋》、羅瑟琳・科渥德的《女性欲望》、賈桂琳・
羅斯的《視覺中的性欲》、伊萊恩・蕭華特編的《新女性主義
批評》、桑德拉・吉爾伯特和蘇珊・格巴的《鏡與妖女：對女

性主義批評的反思》。她們注重從性格差異看女性寫作和閱讀的特點，以及透過解構哲學、心理分析和語言學理論分析女性獨特的審美心理和創作心態。她們把婦女文學本文和女權主義批評本文界定為「修正的、挪用的和顛覆的行為同文類的、結構的、聲音的和情節的差異之總和」。注重性別差異使女權主義者強調所有的寫作（而不僅僅是婦女寫作）都帶有性別。這種性別分析使女權主義批評從邊緣轉移到中心，對人們閱讀、思考和寫作具有革命性的改革潛力。

女權主義的法國學派受解構主義和拉岡精神分析影響很大，其理論帶有明顯的解構痕跡。此派的代表人物和著作有：西蒙‧波娃的《第二性》、《婦女與創造》、朱利亞‧克里斯多娃的《中國婦女》、《語言裡的欲望》，霍絲‧依蕊格萊的《他者女人的反射鏡》、《性別差異》，埃萊娜‧西蘇的《美杜莎的笑聲》、《從潛意識場景列歷史場景》。她們認為男權中心話語必須解構，因為長期以來，父權制度在確立男權中心時只表達了一個性別，在力必多（libido）機制的象徵投射中放逐了女性。她們在文化秩序中成為意義不明的符號，男性中心話語的象徵秩序是父親形象。父親形象使一切女性只能在這個超越的神聖性面前確立自己「從父」的女兒的精神性別身份。因此，只有叛離父親形象，才能打破壁壘森嚴的男性父子同盟，產生具有女性歷史性性別意識的革命。

八、後現代主義文藝美學的基本特徵

在介紹了後現代主義美學家的各家理論之後，現在就對後現代主義文藝美學基本特徵進行總結和概括：

(一)平面感

深度模式削平。平面感，又稱淺表感，指作品審美意義深度的消失。後現代作品不再提供任何現代主義經典作品所具有的深層含義，它拒絕解釋，消解意義，削平深度模式：黑格爾式的、由外向內的、由現象與本質構成而以本質爲本源的深度模式；佛洛依德的表層——深層的心理分析模式；存在主義關於眞實性與非眞實性、異化與非異的二項對立；索緒爾符號學所區分的能指與所指的深度模式。這四種深度模式的削平，就消除現象與本質、表層與深層、眞實性與非眞實性，能指與所指的對立，從本質走向現象，從深層走向表層，從眞實走向非眞實，從所指走向能指，即從眞理走向本文。

(二)斷裂感

歷史意識的消失。深度模式消失的另一表現是歷史意識的消失。這使後現代人告別了諸如傳統、歷史、連續性，而浮上表層，在非歷史的當下時間體驗中去感受斷裂感。一般而言，歷史性可理解爲個體對人類時間存在的意識或對過去

歷史上興衰變革規律的意識。這兩種歷史意識，在後現代文化的普遍平淡和淺薄中已經消失。後現代把歷史理解為只存在純粹的形象和幻影。歷史事件轉換成了照片、文件、檔案，這些僅僅記錄了早已不存在的事件或時代。因為後現代具有一種「非連續性」的時間觀，這種時間觀的特點便是一種「精神分裂症」。而在「精神分裂症」患者的頭腦中，句法和時間的組織完全消失了，只剩下純粹的指符，亦即在後現代人的頭腦中只有純粹的、孤立的現在，而過去和未來的時間觀念已消失殆盡，只剩下永久的現在。於是後現代人就變成沒有根的浮萍，飄蕩在這個斷裂的、破碎的世界上。

(三)零散化

主體的消失。主體作為現代哲學的後設話語 (meta-discourse)，標誌著人的中心地位和為萬物立法的特權。然而，在後現代主義中，主體喪失了中心地位，已經「零散化」而沒有一個自我存在了。「我」這一概念，也僅僅成為語言所構成的影象而已。另一方面，後現代人在緊張的工作後，體力消耗得乾乾淨淨，人完全垮了，這是一種非我的「耗盡」狀態。這時，那種現代主義多餘人的焦慮沒有了立身之地，剩下的是後現代式的自我身心肢體式的徹底零散化。這時，後現代人體驗到的是一個變了形的外部世界和一個類似「吸毒」一般幻遊者的「非我」。人沒有了自己的存在，無法感知自己與現實的切實聯繫，無法將此刻和歷史乃至未來相依存，無法使自己統一起來。這是一個沒有中心的自我，一個

沒有任何身份的自我。這種主體性的喪失使藝術也成了純客
觀的物的堆積。

㈣複製

　　距離感的消失。傳統美學總是要求審美尺度具有一種距
離感，諸如典型論、移情說、距離說、陌生化等。無非說藝
術不同於生活，藝術只有與人的現實生活拉開距離才會給人
以審美享受。後現代美學顛覆了傳統美學觀。班傑明曾提出
「機械複製」的學說，認為技術複製在大工業生產中的廣泛
運用，使衆多摹本代替了獨一無二的藝術精品，它使眞品和
摹本的區分喪失了意義，本眞性的標準開始坍塌。所以複製
就帶來了距離感的消失，「原作」已不復存在。電影作為一門
複製的藝術，人們看到一部影片的任何一部拷貝都是相同
的，誰也沒有見到過電影的「原作」是什麼。原作消失了，
藝術的獨創性消失了，藝術成了「擬像」(simulacrum)，即
沒有原本的東西的摹本。「擬像」成為後現代文化的徽章。形
像、照片、攝影、電視、電影，以及商品的複製，就注定了
當今世界已被文本和擬像所包圍，喪失了現實感和藝術作品
的非眞實化，於是複製便導致了距離感的消失，人們只陶醉
在物的影像或現實影像的退隱或轉換過程中。

參考書目

1. 佛克馬、伯頓斯編,《走向後現代主義》,北大出版社。
2. 王岳川、尚水編,《後現代主義文化與美學》,北大出版社。
3. 王岳川著,《後現代主義文化研究》,北大出版社。
4. J.-F. Lyotard, *The Postmodern Condition,* Minnesota, 1984.

第三章

後現代電影藝術

　　不言而喻,後現代影視藝術是基於當今後現代主義文化對影視創作的瀰漫、浸淫和輻射的事實,因而,後現代主義影視首先並且主要的是對影視的文化內涵的一種分析,是對影視的一次後現代文化「切入」。且由於影視本身作為一種敍事藝術,相應地也必然帶動對其製作路線諸方面的某種關注。

一、作為文化工業的電影特性

　　1895年12月12日,法國巴黎的一家地下咖啡館裡,盧米埃兄弟 (Louis Jean Lumière, Auguste Lumière) 放映了僅僅幾分鐘的膠片,那閃爍的黑白影像所稟有的對現實的「複製」效果,第一次使人們獲得了被班傑明 (Walter Benjamin) 後來稱作「震驚」的體驗:面對奔馳而來的火車,觀眾中竟有人棄座而逃。電影由「雜耍」而升的藝術,成為二十世紀人類物質——文化生活中最重要的組成部分,它和汽車、無線電收音機一樣,成為丹尼爾‧貝爾 (Daniel Bell) 所稱的二

十世紀初葉人類生活的一大景觀。對於電影這門唯一是在人們注視之下誕生的藝術，人們既有立足於經典藝術觀念的審視，也有立足於當代文化工業視角的分析。魯道夫・阿恩漢姆（R・Arnheim）是一位黑白默片的堅決擁護者，他立足經典觀念，認為只有當創作者融入自己的主觀情思之後，方能成為藝術。黑白默片和外在客體世界不是等同的，它沒有自然的七彩，也沒有聲音，唯其如此，這種意義上的電影才成為「藝術」。一旦電影成為「彩色」和「有聲片」，電影作為一門藝術便消失了。而班傑明對攝影／電影的相關論述，更大程度上體現出後現代主義立場對電影的分析。班傑明認為，在機械複製的時代中，由於攝影──電影機械複製藝術的出現，那種前文化工業時代中「藝術」的「神韻」被破壞殆盡。電影的機械複製性、和現實的逼近性、和人類感官的同步性，是後來的後現代主義經常提及的概念。電影作為建立在現代化學工業、光學、機械學、電學等工業基礎之上，既融匯了文學、戲劇、舞蹈等藝術因素，又具有獨特的語言語法的藝術，它是現代工業社會的產物。如果說一個時代有一個時代的代表藝術的話，那麼，現代和後現代工業社會裡的大眾也愈來愈變成視覺文化的饕餮者。班傑明的論述的意義在於，幾乎在電影剛剛起步，由醜小鴨而白天鵝的起始階段，就開始嘗試對電影一種非經典藝術觀念下的批評話語。

　　不論是詹明信（Fredric Jameson）還是丹尼爾・貝爾，他們共同把第二次大戰結束以後的本世紀中葉看作西方工業社會中一個具有巨大分水嶺意義的界碑，而這一界碑，對電

影而言同樣重要。第二次大戰以後，電影業出現全新的變化應該是在五十年代滯緩期後，在經過五十年代末、六十年代初，以法國新浪潮、左岸派、德國新電影、英國自由電影等為代表的席捲全球的電影革新運動以後；在高速增長的經濟速度，在電子傳媒的迅速普及，在商業化程度日漸濃厚的新語境下出現的，因此後現代電影的時間上限大致應該界定在六十年代中末期。代表性的事件是美國的校園運動和巴黎的「五月風暴」。在此之前，電影是一個由黑白到彩色、由默片到聲片、技術手段日漸豐富完備、藝術方式越來越豐富多彩的過程。

　　可以說，電影幾乎在其誕生初期，甚或在其胚胎時期，就和商品性結下不解之緣。考察各國電影的最早源頭都存在一個共同現象，即電影是作為像馬戲團的雜耍一樣靠收取貨幣來支撐的。而電影由雜耍到藝術、由無聲到有聲、由黑白片到彩色片、由普通銀幕到寬銀幕、由單聲道到立體音響，電影每一次的技術變革，每一次藝術形態的改變，都源於對商業利潤的吞噬和攫取。商業利潤應該說給電影發展注入了鮮活的生命衝動，電影公司、電影導演甚至電影製作力的元素、設備、手法，無不是各領風騷二、三年。盧米埃在電影的誕生初期，以對社會生活的現實化記錄見長，但由此帶來的人們對電影新奇感經過短暫的一、二年後隨即消失。梅里愛（Georges Meties）成為盧米埃的剋星，他把電影引向戲劇的道路，為他帶來巨額利潤，使他在1900年到1906年的法國影壇上紅得發紫。不過諸多的電影流派、導演試圖脫離商業

的運行軌道，如二、三十年代的法國前衛派、德國表現主義、西班牙超現實主義，以及五十年代末、六十年代初的法國新浪潮、左岸派等，但最後仍都匯入到商業影片的河流之中。正因爲電影和商品屬性這種消弭不了的血緣關係，在其他文化藝術種類日益商品化的後現代語境中，詹明信把電影看作是「集中體現了『文化工業』的特徵」，並從史學的角度充分地指出電影作爲一個「後現代文本」的特性，從而也提醒人們，第二次世界大戰以後的電影，由於電視的大量普及，使電影和商業化的關係更密切了。

　　五十年代，電視已覆蓋到85%的美國家庭，它使人們「去看電影」的時代悄然退隱，並動搖了電影人的信心。對利潤的追求迫使電影把電視放在頭號的敵對位置，所謂戰後的立體電影、寬銀幕電影、立體聲電影均是這種背景下的產物。但是不久以後，電影業就發現，電影和電視是可以相互共存、彼此吸收的。例如美國有家電影公司把自己的過時影片庫與電視放映網聯合，把過時的影片租賃給電視網，從而獲得一筆意料不到的收入；其他電影公司也紛紛效法，從而使電影成爲電視、有線電視、錄影帶的最主要的片源，甚至，某些影片出售和出租錄影帶的收入會超過電影門票的收入。電影和電視由一度拳腳相向到握手言和，致使人們製作、發行電影時不得不考慮它的錄影帶市場。當然，電影和電視相互融合、滲透的關係不僅僅如此。

二、後現代電影掃描

　　美國電影批評家賈斯廷・懷亞特和拉斯特基在對後現代電影的研究中引進一個重要術語，那就是「高概念」。所謂「高概念」，就是立足電視由電影的滲透關係，強調廣告影像對當代電影製作之影響而出現的。他引用查理・卓別林（Charles Chaplin）對二十世紀福斯公司的主要經紀人的一段描述，認為他是「公認的高概念電影之父，他寧願依靠知名度高的電影明星、商業化的音樂配樂和高級的視覺效果，而很少依靠安排好的情節和人物」。福斯公司的總經理也認為：「高概念電影贏得了那些習慣於一般情節的觀眾，這些觀眾中即便是成年人，也有相當一部分不具備鑒賞迂迴曲折情節的能力。」

　　賈斯廷・懷亞特在別人討論的基礎上，敏感地認識到，在人們對「高概念」勾勒不甚清晰的面目中，其實涉及到一個「特定的市場方式」，即對商業利潤的更大程度地攫取，迫使電影更加接近觀眾，其運作機製即為「高概念」。按照他的理解，可包含兩方面的內容。其一，故事情節的減少，甚至情節的過分簡單。後現代電影的製作似乎不再迷戀於豐宏、複雜、一波三折的敘事，而更表現出對簡潔敘事而重視覺奇觀的平面享受行為。在這類高概念電影中，敘事失去了意義，而成為一種自身的抽象。如《霹靂舞》中，敘事不僅被一系列界限分明的音樂電視片的程序所打破，而且也幾乎完全缺乏人物和情節的發展，使得敘事極端的程式化。其二，由於

電視廣告形象的滲入，電影愈來愈追求廣告般細膩、強烈而直接的視覺效果，表現出對肖像藝術、裝飾藝術、燈光藝術、音樂電視節目和攝編技術的崇拜。就燈光而言，當今諸多電影精於此道。電影《愛你九周半》中有一半的景物是在襯托光中拍攝的：穿過走廊的襯托光，穿過霧氣的襯托光，穿過水的襯托光，來自冷藏庫的襯托光以及透過小遮掩物的襯托光等；就攝編技術而言，電影廣泛借取音樂電視和一些室外娛樂節目，刻意贏得觀眾，如大多數音樂套曲的剪輯，漂亮的全景攝影和撲朔迷離的鏡頭移動，迅速移離的鏡頭之間的熔暗以及過分性地使用變焦鏡頭等等。顯然，在商品化邏輯日漸增強的後現代語境中，由於電視的影響，必然使六十年代以後的電影呈現出重視覺效果的製作路線，這是後工業社會語境的必然產物，也是後現代電影的製作路線。

　　與此相適應的，是先進的科學技術一如既往地和電影頻頻「親和」。這個現象在七十年代的美國電影中相當突出，被烏里希‧格雷戈爾 (Ulrich Gregor) 稱爲「重新傾向工業化的階段」。其突出代表是以盧卡斯 (George Lucas)、史蒂芬史匹柏 (Steven Spielberg) 等人拍攝的科幻影片。

　　嚴格意義上講，科幻片幾乎是隨著電影的誕生而出現的，最早可見諸於梅里愛的《月球歷險記》。但它逐漸流行應該是五十年代以改編科幻小說爲主的科幻電影的出現。七十年代，隨著盧卡斯、史蒂芬史匹柏等一批電影系學生的相繼拍片才盛極一時。如盧卡斯導演的《星際大戰》、史蒂芬史匹柏導演的《大白鯊》、《第三類接觸》、《外星人》以及《侏羅紀

公園》等。這些影片顯然已不同於經典的科幻影片，它們以先進的科學技術為先導，刻意營造未來高科技的視覺奇觀，給觀眾強而有力的視覺震驚，具有濃厚的後現代主義的傾向。他們一方面加大高科技投入，強調視覺奇觀，另一方面把現代主義思考的沉重一掃而光，把影片的所指替換成非常簡單的觀念，使他們的影片成為非常惹人注目的後現代主義影片。

(一)星際大戰

　　喬治·盧卡斯的《星際大戰》講述的是一個老套的故事，一個在任意的時空內都可以做出不同版本的故事。法西斯氣焰十足的獨裁者大莫金憑其軍隊專橫地鎮壓銀河系中稍有「不軌」的行星。奧爾德蘭行星的萊阿公主在聯合其他行星準備舉起反叛義旗之時，因叛徒洩密被囚禁在「死星」上。萊阿公主的機器人迪圖歷盡艱險向沙漠行星上的老武士克諾比求救。青年魯克為給親人復仇，和克諾比一起進入到「死星」，和大莫金進行了一場驚心動魄的戰鬥，並救出了公主。不幸的是，克諾比在激戰中犧牲。魯克和萊阿公主在熟悉了「死星」的防衛情況之後，在宇宙之神力量的幫助下，炸毀了死星。本來是一個「英雄救美人」的陳舊故事，但卻在盧卡斯的「包裝」下獲得令人振奮的觀賞效果。誠如有人指出的，該片的成功，絕對不在於它提出或探討了一個由於科技高度發展給人類或世界帶來的社會問題，而在於它在一個陳舊的故事框架之內運用了現代尖端的科技成果，如雷射、電

腦、機器人等等，展示了一種神奇的宇宙奇觀。《星際大戰》中採用了360多種特技，其中特技鏡頭有545個之多。此後，盧卡斯在洛杉磯附近的梅林區創辦了光磁電影工業公司，專門為拍攝電影提供高科技服務，許多特技鏡頭透過電腦程序的編製而拍攝。電腦成為電影中完成人物形象、佈景、道具以及空中攝影的總設計師，它使畫面活動起來，畫面中的訊息量不斷豐富，產生了令人耳目一新的視覺效果。

(二)侏羅紀公園

　　史蒂芬史匹柏作為七十年代以來湧現的傑出導演，和盧卡斯基本上是屬於同一類型的電影製作者。除了1994年出品完成的《辛德勒的名單》外，他幾乎全部涉及科幻、恐怖、追逐、冒險、戰爭、愛情、童話等題材。人們毫無例外地會和他的《大白鯊》、《第三類接觸》、《外星人》、《侏羅紀公園》等聯繫在一起。這些影片構成了後現代電影製作路線的典範。而史蒂芬史匹柏最為得意之作，也最能展示其後現代製作路線的影片，當推1993年完成的《侏羅紀公園》。一位億萬富翁研究出了使恐龍復生的方法，他根據遺傳工程學理論，把遺留在史前蚊子血液中的恐龍基因提取出來，再將其植入到和恐龍基因組織相近的生物體中，加以培育繁殖，使絕跡6500萬年的恐龍復生。這位億萬富翁把他培育出來的恐龍放在一個專業建造的野生動物園中，該公園的名稱就叫《侏羅紀公園》。為了讓人們確信侏羅紀公園的安全保障系統萬無一失，富翁特意邀請了兩位年輕的古生物學家格蘭特博士和

薩特勒博士來公園考察訪問，億萬富翁的孫子、孫女也一同乘車前往。但因園內安全系統被有意破壞，電網也失效，格蘭特博士連同孩子四人在漆黑的公園內碰到了令人恐怖的一幕，巨大無比的恐龍向他們逼來，它掀翻汽車、沖毀房子、踩碎設施，格蘭特帶著孩子們陷入一場和恐龍極為懸殊的「較量」之中。

顯然，史蒂芬史匹柏仍沿襲後現代影片的製作路線，把對建立在高科技技術之上的視覺奇觀，放置在他至高無上的創作地位上。恐龍，成了他影片中最重要的角色。影片耗資高達7000萬美元，共製作大大小小恐龍1000多隻，最大恐龍身高20英呎，骨骼由3000磅漆土塑成，由電腦控製它們的活動。有人在分析該片時認為：「《侏羅紀公園》吸引觀眾的最大號召是特製的栩栩如生的大大小小恐龍，人們對恐龍有一種神秘感，尤其對孩子們來說，它更神奇無比。在自然博物館，孩子們雖然只能看到龐大的恐龍骸骨，但已經形成非常深刻的印象。如今，在影片中可以看到人造的、逼真的復活恐龍，當然更具震撼力。」此語可以使人體會到恐龍奇觀在主導影片票房價值中的核心地位。

無庸置疑，後現代主義語境中的電影製作，它把商業利潤作為唯一的根本目的，而高科技的大量投入，必然伴隨著成本費用的大幅度上漲。因此，作為後現代主義電影製作路線的一個重要組成部分，高成本幾乎成為其突出性標誌。這在好萊塢稱為「重磅炸彈」式的製片。

有資料顯示，在六十年代、七十年代以前，「重磅炸彈」

式的電影製作是一種孤立現象，比如《國家的誕生》（1915
年）、《賓虛》（1926年）、《大金剛》（1933年）、《亂世佳人》
（1939年）、《十誡》（1956年）等。進入後工業語境之後，由
於電視對電影的挑戰，迫使電影在和電視的競爭中揚長避
短，注重發揚電影影像逼眞、細膩、富於宏大敍事的特點，
對電影的投資逐步上升。特別是《愛的故事》、《空港》的成
功，恢復了好萊塢對高成本電影的信心，在七十年代出現了
電影工業史中美國影片成本的飛漲。

(三)威探闖天關

《威探闖天關》是英國電影市場十部最賣座的影片，主
角「兔子羅傑」一時間也成爲美國家喻戶曉的童話明星。這
部影片從構思、策劃到英國和美國同時投入創作，到最後完
成，前後歷經近三年的時間，而影片投入的資金竟高達4500
萬美元。它在美國的票房收入爲16770萬美元。高投入、高利
潤使《威探闖天關》成爲一部典型的「重磅炸彈」式的影片。
然而究其實，不過是一部透過迪士尼和卡通藝術的結緣，利
用先進的卡通和眞人技術合成同一畫面的技術，而完成的一
部快餐式的暢銷品。這是一個近似童話色彩的故事，一個人
們經常在米老鼠、唐老鴨、白雪公主、七個小矮人、小鹿斑、
匹諾奇等卡通世界裡經常遇到的故事，一個曾經令孩子們著
迷卻又在成人觀衆裡擁有影響的故事。影片一開始的幾分
鐘，那溫厚的兔子羅傑與娃娃明星赫爾曼的表演一下子把人
們帶到了美國好萊塢卡通片的頂峰年代。無獨有偶，以埃迪

為主線的偵探故事,使人們想起了以四十年代爲自己黃金時代的「黑色電影」,影片中大批曾爲迪士尼公司、華納兄弟公司、米高梅公司和環球公司帶來名譽與財富的諸如米老鼠、唐老鴨等動畫人物的出現更增添了這種「懷念往昔」的情調。很明顯,《威探闖天關》是電影公司老闆在大投入的背景下,運用往昔的卡通形象,揉合各種類型的電影敍事法則,而炮製出的巨大商業前景的策略性影片。它指向能指嬉戲的平面快感。

㈣蝙蝠俠

緊隨其後出品於1989年的《蝙蝠俠》和1992年的《蝙蝠俠歸來》也同樣以高投入、高科技的能指化特徵,獨領票房的風騷。《蝙蝠俠》仍舊是一個並無多少新意的老套故事,善惡相爭,除暴安良,普天同慶,幾乎成爲後現代語境中科幻類型片的基本套路。實際上,這部影片是《佐羅》和《蝙蝠》兩部影片的揉合。那個每天晚上穿著黑色緊身衣、戴著黑色頭盔駕駛著蝙蝠形汽車在城裡活動的蝙蝠俠,是本城年輕富有的慈善家布魯斯‧韋恩,幾乎是俠客佐羅的翻版。但導演對蝙蝠俠的獨特造型設計、新穎別致的蝙蝠汽車設計,卻爲這個陳舊的故事賦予了好看好玩的商業包裝。在西方科技文明的歷史氛圍中,電影的製作一直信奉科技的神奇魅力,《蝙蝠俠》的成功正證實了這一點。而市場上推出的各種有關蝙蝠俠的商品,如微型蝙蝠汽車,蝙蝠型的眼罩、耳環、別針,印有蝙蝠俠的背包、短褲,也一銷而空。於此,美國《新聞

周刊》稱《蝙蝠俠》爲一部「具有神秘色彩的後現代主義黑色心理劇」。

電影作爲一門現代工業和對巨額資本的依托，它和商品屬性建立了須臾離不開的關係。作爲六十年代席捲歐美大陸的青年學生造反運動精神之子的後現代電影，自然和青年觀眾建立了非常密切的關係。這批戰後出生的青年觀眾構成了六十年代電影的最主要消費群體，因而這批青年群體作爲「憤怒的一代」、「垮掉的一代」，它所屬的反文化特性也直接決定了後現代電影的反文化內涵，那即是以性和暴力爲核心的反文化、反理性、反秩序。正如貝爾所指的那樣：「後現代主義反對美學對生活的證明，結果便是它對本能的完全依賴，對它來說，只有衝動和樂趣才是眞實的和肯定的生活，其餘無非是精神病和死亡」。「它以解放、色情、衝動、自由以及諸如此類的名義，猛烈打擊著『正常』行爲的價值觀和模式」。在這兒，我們將以歐美影壇六十年代以來的幾部大投入、高利潤的具有很大影響的影片，來檢視他們以性、暴力爲核心內容的反文化視覺主題。

(五)我倆沒有明天

六十年代的美國影壇實際上還不能完全展示出後現代主義風貌。《我倆沒有明天》、《畢業生》製作於1966年，拿今天來比似乎有點古舊。如果和幾近三十年以後的《第六感追緝令》相比，這一點就非常清楚。如果說《我倆沒有明天》著意於較多的性暗示、性象徵、性隱喻，那麼《第六感追緝令》

則突出直露、強調影像的震撼力。

《我倆沒有明天》是從一個女人鮮紅的嘴唇大特寫開始，有著濃郁的性氛圍，攝影機向後拉開，映出邦妮。她只穿著極小的內褲，在房間裡心神不安地來回踱步。這一段落顯然著眼於人的精神狀態，在「深度」體驗中展示出「焦慮」情緒，甚至具有高達 (Jean-Luc Godard)《斷了氣》式的現代主義色彩。接下來邦妮發現試圖偷汽車的克萊德，在邦妮的半裸近景和樓下的克萊德中景的若干次對切之後，迷茫、困頓中的邦妮似乎找到了旗鼓相當的精神同伴。邦尼迅速穿上一件薄薄的裙子，衝向吱吱作響的樓梯，低機位、廣角、仰拍的下樓動作也成了該片中的經典鏡頭。另一個段落暗示著兩個關係的密切。克萊德頭戴寬邊帽、著黑色上衣，正面側對觀眾，占據畫面三分之二的巨大面積，一副頗為陽性氣概的模樣顯示出其主體的地位。克萊德嘴裡咬著一根火柴棒，挑釁地不停地扭動，同時第一次拿出手槍放在自己身體下部位置，向邦妮炫耀。邦妮側身，僅占畫面右側三分之一的面積，顯示出女性的從屬、被動地位，她敬畏地撫摸著槍管。這個鏡頭的象徵含義不言而喻，喻示著性和暴力的聯結。《我倆沒有明天》的這段片頭段落中，無論是女人嘴唇的大特寫、仰角的下樓動作以及槍管等等，無不具有著隱喻、象徵的色彩，具有著濃郁的性氛圍和潛在的暴力色彩。

至於《第六感追緝令》的開頭，迎面兜售給觀眾的是欲死欲仙的男女呻吟聲，和女人騎在男人身上做愛的大膽畫面，女主人翁一邊不停地上下晃動，一邊從墊褥下拿出鑿冰

刀，凶猛地刺向身體下面的男人，鮮血噴湧而出。赤裸裸地
毫無遮掩，「性」和「暴力」聯結一體的畫面，強烈地帶給人
一種震驚效果。在這種本能的畫面中，觀眾被吸咐在銀幕前，
幾乎沒有任何思考能力，成爲一個十足的後現代文本。

　　儘管如此，作爲六十年代出品的《我倆沒有明天》在一
個電影時代行將尾聲、後現代電影潮流日趨到來的前夜，其
反文化內涵的程度及其影像的展示上，和同一時期的《畢業
生》一樣，具有一定的過渡色彩。邦妮和克萊德幾乎成爲六
十年代美國青年的形象化身。他們信奉金錢、性欲，破壞和
對一切現存秩序不信任。他們隨意浮出到生活的表面，在隨
意放縱的行爲方式中，製造著一個個的黑色喜劇。他們似乎
也只有在這種自我破壞的宣洩中，追索著生命的本能快感，
標示著他們和文明、秩序、理性、法則的格格不入。有人認
爲該影片傳達出這樣的訊息，與其在這個冷漠世界裡老死，
不如痛痛快快地活，乾乾脆脆地死，留下一個漂亮的形象，
這正是後現代的文化表徵。邦妮、克萊德成爲一代青年的代
表。《我倆沒有明天》的性和暴力的反文化主題是顯而易見
的，也正是在這個意義上，有人稱該影片是美國電影的里程
碑，英國《女王》雜誌甚至宣稱，「1967年是《我倆沒有明天》
年」。

㈥畢業生

　　同年製作的《畢業生》，也同樣因其對舊道德觀念的不屑
而引人注目。《畢業生》是一個大膽的「性喜劇」，它正面展示

了一種在傳統道德觀念下難以想像的性關係。本傑明是一個
出生在中產階級家庭的青年，大學畢業後既不想工作，也不
打算進研究所深造，卻與父親的合夥人羅賓遜太太和羅的女
兒艾琳兩代人之間發生了性關係。這一作品刻意描寫了本傑
明和中產階級的隔隔不入，中產階級首次在電影中成為被抨
擊的對象。而在過去的電影中，任何對中產階級的生活觸犯
都是不允許的，而在此片中，本傑明和羅賓遜太太的性關係
卻帶有亂倫色彩。因而，《畢業生》無論在語言上還是性細節
方面，都比以往影片更坦率和直露。《畢業生》和《我倆沒有
明天》一樣，作為六十年代青年文化運動的產物，儘管還留
存著「過渡」的痕跡，但已經顯現出其反理性、反法則、反
傳統的後現代命題。

　　1988年，美國電影協會宣布廢止影片的等級制，改為
「NC—17」，即17歲以下兒童不得觀看。這實際上意味著原
定等級影片可以和其他影片一樣在商業發行放映領域內暢通
無阻，這一政策的決定使歐美銀幕上的色情內容獲得更為廣
泛的普及。如瑪格麗特・杜拉編劇的兩部影片，因時隔近30
年，在對待性內容的態度上卻有著顯明的不同。1959年的《廣
島之戀》著眼於女主人翁的精神創傷及人們在瘋狂的第二次
世界大戰以後所表現的無出路感、悲觀絕望的精神狀態，女
主人翁和日本男人隨意地性生活方式僅僅是覆蓋這層題旨既
不能缺少、也非特別重要的敘事線索，因而，儘管影片片頭
那個漸顯得佈滿汗珠的背部裸露鏡頭足以讓當時人驚嘆不
已，但相比於1991年的《情人》，卻是小巫見大巫。準確地講，

儘管《情人》也可以得到這樣的一種詮解，即透過本世紀初一位法蘭西少女和一位華裔富家子弟在對待婚戀態度上所表現的文化差異和衝突。但是，性愛的內容卻是不折不扣地成為影片陳述的主體事實，更不消說，影片中大量地帶有奇觀色彩的性愛段落。顯然，「NC—17」制度顯示出電影檢查制度愈益放鬆的趨勢。從而，也昭示出當今歐美電影在後現代反文化的驅動下，愈來愈迎合人的本能衝動的趨勢，後現代觀眾像是在玩一場刺激感官的電子遊戲，看電影也就成為一種非常平面化的能指遊戲。

　　九十年代的歐美影壇似乎更側重挖掘人的變態、精神分裂、窺視欲、暴力本性等反文化、反理性內容，使影片消解了人文價值深度、美學體驗深度，成為純粹的奇觀影片。《沉默的羔羊》（1991 年）、《烈火情人》（1992 年）、《第六感追緝令》（1992 年）、《銀色獵物》（1993 年）蜂湧而出，在世紀末的最後幾年中，扯出了一條黑色濁流。

　　㈦沉默的羔羊

　　《沉默的羔羊》（喬納森‧德米Jonathan Demme導演）無疑是一部成功的商業影片。1991年，美國影藝學院授予它最佳影片、最佳導演、最佳改編劇本、最佳男演員、最佳女演員的五項奧斯卡大獎，無疑又為影片作了一次最成功的商業宣傳，給它帶來巨額利潤。影片中的中心人物是殺人犯岡勃，他自小生長在陰盛陽衰的單親家庭中，由於對母親的嚴重依賴，滋生了較嚴重的性倒錯心理。在他要求做變性手術

遭到拒絕後，遂產生了變態的殺人心理。岡勃大都選擇身材
比較豐滿的女性，將她們誘拐、綁架後，將她們餓瘦，然後
再剝掉她們身上的皮。更爲古怪的是，他每次殺人後，都要
在受害者的喉嚨裡放一個蟲蛹。穿上女人皮做的衣服，含有
女性生命附體的意念，帶有變性的妄想。蟲蛹的根本特徵是
變，蟲變成蛹，蛹再變作蛾，也同樣隱含著岡勃的變性欲念。
岡勃的思想、行爲方式代表著一個隱秘的「本我」狀態。單
就這麼一個奇怪的殺人案本身，就足以喚起觀衆的窺視欲
念。然而影片製作者的高超技術在於，影片一直在高懸著岡
勃殺人剝皮案的謎團，讓一位個頭矮小、滿臉稚氣的警校女
畢業生史塔琳東奔西走破案時，又引出了一位以「食人狂」
著稱，連續殺人、吃人的精神病醫生萊克特。當史塔琳去監
獄求見萊克特時，展現在觀衆前面的竟然是一位衣冠整齊、
風度翩翩的紳士，他講話彬彬有禮，愛好高雅，言談機敏，
目光犀利，判斷力、記憶力極強，然而實際上卻是個殺人魔
王，他倚立在天使與惡魔之間。史塔琳似乎只有求助於他，
才能找到岡勃的蛛絲馬跡。

　　果然，萊克特從受害者的喉嚨裡總放著一隻蟲蛹，迅速
地從精神分析的角度，判斷出這是一個試圖申請變性手術卻
又遭拒絕因而產生變態殺人的人所爲，爲長期得不到任何進
展的殺人剝皮案提供了一把很關鍵的鑰匙。至此，岡勃結案
的可能性來臨，萊克特也該退出敘事。監獄中的萊克特用筆
蓋套打開手銬，並用手銬打死兩名送飯的警衛，並換穿好警
衛的服裝，在混亂中被當作傷員送出了監獄。而最具震懾力

的是萊克特殺人之後，把一個屍體吊在牢籠外，雙臂張開，
內臟懸掛於手臂下，與手臂共同組成翅膀的造型。遠遠地望
去，背後雪亮的燈光勾勒出死者的身影，就像一隻展翅欲飛
的黑鷹。一部影片有一次高潮就足夠了，《沉默的羔羊》在展
示一個殺人剝皮、一個殺人食人的變態形象上，營設了兩次
相連的敍事高潮，把觀衆驚慄的感官體驗推到了極致。儘管
導演竭力避免暴力和感官刺激，做了某些節制，但編導對變
態、食人、剝皮犯罪的熱衷，著實令人震撼不已。後現代文
化對當今歐美影壇的影響，也可見一斑。

(八)烈火情人

1992年，移居美國的法國電影大師路易‧馬盧（Louis
Malle），創作了一部表現人的愛欲和死亡，一如片名一樣散
發著世紀末絕望情緒的影片：《烈火情人》。《烈火情人》顯然
在於一個倫理關係的框架內，構築了一個頗爲世俗化的生活
表象，講的是一個男人和一個女人陷入情慾而不能自拔的故
事。但這種情欲關係的雙方卻是正常倫理關係所絕對不能容
忍的公公和兒媳婦，何況，男主角在影片中還被規定爲一個
任美國內閣要職、新近升遷的環保衛生部長、官運亨通的人
物。於此，影片在演繹他和兒媳婦一發不可收的情慾關係時，
也就增添了沖淡一切束縛的冒險精神，更加昭示出後現代文
化的毀滅力量。女主人翁安娜曾經有過一段美好的初戀，當
她第一次深情地吻了闖入她生活的第一個男人時，她的弟
弟、此刻正暗戀著她，打了她一記耳光。安娜非常氣憤，第

二天早晨醒來時卻發現她的弟弟因克制不住亂倫的慾望，爲安娜自殺了。當她弟弟的屍體被抬走時，她突然感覺到男女間占有慾的恐懼。兩個男人都試圖擁有她的痛感、快感似乎在她心目中成爲一個化不掉的情結。一種亂倫的慾念帶來的快感也在她的體內漸漸滋生出來。幾乎在非常偶然的瞬間，安娜與現任美國內閣要職又剛剛提升的弗萊明四目相對，不用過多的話語，兩人之間已升騰出不可壓抑的衝動。弗萊明在聚會結束後，來到了安娜的房間，正在等候的安娜沉靜地癱倒在地毯上。此刻百葉窗外的夕陽灑進肉感的紅色。富於毀滅性的災難終於蒞臨：弗萊明和安娜在床上激情如火時，兒子卻從樓底下一步步地走上來。旋轉上升的樓梯形成一個圓形的天井，彷彿預示著一個災難性的時刻。影片仍使用古老的對比蒙太奇剪輯，把最後一分鐘的到來渲染到最緊張的狀態。在那一時候，空氣都靜止了，赤裸裸上下翻騰的弗萊明、安娜看到了兒子、男朋友，只有在死亡那一刻才有的絕望眼神，沉重的打擊使兒子不由自主地向後退去，從樓梯的護欄處重重地跌了下去。在那一刻，安娜肯定地想到了她16歲時爲她死去的弟弟，從家中抬走的屍體……

(九)第六感追緝令

如果說，《沉默的羔羊》著眼於變性、剝皮、食人的「本我」原生態，《烈火情人》側重於揭示人亂倫的隱秘心理，作爲兩部當今歐美影壇上有著巨大影響的影片，可以讓人感悟到後現代反文化的黑色陰影；那麼，《第六感追緝令》及《銀

色獵物》則是更加直露地昭示出後現代反文化的實質。耐人
尋味的是,《第六感追緝令》原片名稱作「本能」,是後工業社
會學者丹尼爾‧貝爾在考察後現代文化和六十年代反文化情
緒時,用得最多的術語。《銀色獵物》的原名「碎片」,是西方
馬克思主義者、後現代主義研究專家詹明信在表述後現代時
期「人」的狀態時,強調人在各種感覺的自然湧動時,人的
有機性、統一性的瓦解,而產生的「分裂感」、「碎片感」時,
用得較為頻繁的術語。從中也可看出影片和後現代文化的關
係。

　　從內容來看,《第六感追緝令》(保爾‧費爾霍芬 Paul
Vethoeven執導) 是一部典型的美國式影片。舊金山警探尼克
在調查一件情殺案時,陷入和此案涉嫌的三名女人之間的情
愛關係之中。影片元素幾乎是清一色美國偵探片路子:高速
公路、豪華賓館、海濱別墅、被玻璃牆分隔開的巨大的警探
辦公廳,永遠是琳琅滿目的似乎永遠也吃不完的主人翁的廚
房、莫名其妙的凶殺、瘋狂的性愛動作。然而,也就是這些
元素,精明的美國導演曾一次又一次地加以排列、組合,人
類感官對這些影像又是永遠暢開,在毫不猶豫地交出票款之
後,也就很順暢地把這些影片接納。毫無疑問《第六感追緝
令》是他們搭制的最成功的影片。《第六感追緝令》是不折不
扣地令觀眾的感官始終跌落起伏、舒暢熨貼的「視覺快餐」。
尤其是女主角扮演者莎朗史東 (Sharon Stone) 外在表徵上,
就具有很強的情慾化:豐腴的嘴唇,高挺的鼻樑,體材勻稱
高大,三圍適度,皮膚光潔,一雙野性的眼睛閃爍著對「本

能」欲求的永不滿足,有「天下魔女第一」的稱號。她自身的自然資質在承擔這一角色時發揮了重要作用。可見,好萊塢老板的金錢欲能把演員和影片人物簡化成單向度的生命體,剝離掉社會內容後的單一化更能迎合大眾感官消費的特點。

㈩銀色獵物

投資1500萬美元巨資的《銀色獵物》(菲利蒲・諾伊斯 Phillip Noyce導演) 是1993年美國最引起轟動的影片。派拉蒙電影公司幾乎是冷不防地向觀眾推出了這部陰鬱、昏聵的驚慄片。誠如原片名所喻示的,影片是要透過展現人的窺淫癖,來呈示已變成碎片的人的原生狀態。主人翁澤克是紐約名為「碎片」高層公寓的秘密房主,在施工建造這棟公寓時,他不惜巨資在每個房間的臥室、浴室、客廳裡秘密安裝了電視攝影器,他透過裝在他臥室的巨大的屏幕控制台,可以隨心所欲地窺視大樓內每一個房間、每一個人的細微動作,於是,巨大控制台上至少有一百塊電視監視屏幕,在同期地上演著光怪陸離、奇形怪狀的人生百態,人的吃、喝、拉、撒、睡、繼父調戲年幼的女兒,黑人青年男女浴室中的激情,成熟女人的騷動……一切的本能狀態都毫無遮掩地暴露在澤克的眼前。非常有趣的是,那一方方維繫著一家家私生活的屏幕,是澤克滿足窺淫癖的窗口,而澤克和成熟女青年卡莉(莎朗史東飾) 之間的關係,卻又不經意地成為後現代觀眾窺視的「奇觀」,而觀眾正逐步地變成澤克。可以說,後現代電影

在文化的意義上愈來愈成功地滿足觀眾的窺淫慾望，澤克在樂此不疲地監看著碎片大樓裡人們的各種行為，而觀眾也在樂此不疲地看著這個幾近變態的澤克。

如果說澤克能擁有各方面的條件滿足他的窺淫慾，那麼卡莉則是處在一種既想窺視又堅決拒絕被窺視的那一類。卡莉剛搬到碎片公寓後，在自己的新屋內舉行了一個小型舞會，而架在陽台上的單筒望遠鏡吸引了眾多的客人。出現在卡莉鏡筒中的竟是一對放縱激情的青年男女，以至於引來她嘖嘖的讚嘆。人群散盡後，一種難以克制的慾望又促使她湊近望遠鏡，不料卻發現，對樓的青年男女同樣有一架望遠鏡向她這邊張望，她急忙拉上窗簾。窺視與被窺視，衝動與壓抑，野蠻與文明，感性與理性幾乎整天在她內心湧動著。澤克頗為老道的進攻手段，幾乎使這位成熟、焦灼的卡莉沒有任何防範措施，在一場一場激情如火的段落中，卡莉應該體驗到了「碎片」的感覺。澤克錯誤地估計了卡莉，表現了自己最原始、最見不得人的人生狀態、試圖和卡莉共享原始的企圖。他竟然一反常態把卡莉領進了他秘密的總電視控制台。卡莉在一方方的屏幕面前最初表現了因窺淫癖被放縱滿足的欣悅，她激情難耐地任意取捨著畫面，然而一種自己也同樣會被窺視的慾念慢慢地浮了上來，浴室中成熟女性的自慰彷彿就是卡莉本身，突然一種大庭廣眾之下赤身裸體的羞辱感使此刻野蠻、魔鬼的卡莉漸漸地退隱，本我慢慢地被壓縮著，文明、天使的卡莉浮現了。最終，卡莉摸起澤克的手槍，向一方方屏幕射出，碎散的玻璃、升騰的煙霧、刺目的

電火花籠罩著房間。這是卡莉對成為「碎片」的恐懼！不過，澤克和卡莉激情如火的故事卻作為奇觀而被觀眾正大光明、合情合理地「窺視」。電影理論家指出的六十年代以後的電影出現了窺淫癖的傾向，應該說在《銀色獵物》中得到明顯的體現，而且達到了登峰造極的地步。

電影在當代文化中占據著主導的地位。按照丹尼爾‧貝爾在《資本主義的文化矛盾》中的說法，電影影像的逼真性「縮小了觀察者與視覺經驗之間的心理和審美距離，強化了感情的直接性，把觀眾拉入行動，而不是讓他觀照經驗」，「它刻意地選擇形象，變更視角角度，並控制鏡頭長度和構圖的『共鳴性』」，從而按照新奇、轟動、同步、衝擊來組織社會和審美反應，致使後現代觀眾「不斷有刺激，有迷向，然而也有幻覺時刻過後的空虛，一個人被包圍起來，扔來扔去，獲得一種心理上的高潮」。而後現代電影的反文化內涵應該說是強化了這種刺激性，並把它發展到極致，使經典藝術中的「靈韻」蕩然無存。「靈韻」是班傑明研究攝影電影等技術藝術時使用的一個概念，專門用來描繪機械複製時代之前藝術的獨創概念，它成為文化工業化前「自由藝術」所特有的那種流動的、韻味無窮的和純粹審美感染力的象徵，它要求藝術接受者「神與物遊」的審美暢想和強烈的主觀介入。但在機械複製的電影那裡，後現代觀眾則是處於一種簡單的被動滿足中，處在一種後現代文化衝擊的本能震驚之中。如果說經典藝術較多地表現為印刷文化，那麼以電影為代表的後現

代文化則是一種視覺文化。丹尼爾‧貝爾對此有一句中肯之語，「整個視覺文化因為比印刷文化更能迎合文化大眾所具有的現代主義衝動，它本身從文化意義上說就枯竭得更快」。實際上，這也包含了丹尼爾‧貝爾這位新保守主義者對後現代電影的看法。

參考書目

1. 弗‧傑姆遜，《後現代主義與文化理論》，陝西師範大學出版社，*1986*

2. 丹尼爾‧貝爾，《資本主義的文化矛盾》，三聯書店，*1989*

3. 喬治‧薩杜爾，《世界電影史》，中國電影出版社，*1982*

4. 鄭雪來主編，《世界電影鑒賞辭典》，福建教育出版社，*1991*

5. 本傑明，《機械複製時代的藝術》，三聯書店，*1989*

6. *S‧J*‧梭羅門，〈作為後現代藝術的電影〉，見《後現代主義文化與美學》，王岳川、尚水編，北京大學出版社，*1992*

第四章

後現代戲劇

　　後現代戲劇主要孕生、發展於歐洲和美國。五、六十年代開始，西方社會思潮以及戲劇現象發生了新的變化，現代派戲劇，一個特定時期的戲劇概念，已經失去了它可能的含蓋作用。於是，一場後現代戲劇革命迅速崛起。被尊奉爲這場革命的理論先驅和實踐家的，是阿爾托 (Antonin Artaud)、格洛托夫斯基 (Jerzy Grotowski)、彼得・布魯克 (Peter Brook) 和理查・謝克納 (Richard Schechner)。

一、後現代戲劇的源流：
　　布萊希特與阿爾托

　　說到後現代戲劇，不能不提到德國戲劇家布萊希特 (Bertolt Friedrich Brecht)。實際上，後現代藝術和戲劇的出現，與布萊希特的戲劇觀念和戲劇創作有極深的淵源關係。布萊希特雖不是後現代主義者，但也不能否認他的某些理論和實踐與後現代主義十分相近。當二十世紀傳播媒介的發展帶來技巧進步時，標榜高藝術的現代主義面臨了危機。技巧的進步使高藝術和低藝術的某些區別蕩然無存的事實被布萊希特

認爲是確實的、建設性的。這種觀念布萊希特在現代主義論爭中屢有表述,具有明顯的後現代色彩。布萊希特對強化了權力概念上的統治意識形態的諸種概念深表懷疑,對來自人文主義主觀性的諸概念如獨創性、個體性、權威及普遍性也極爲不滿。他經常使用與有距離的諷刺和技巧創新聯繫在一起的政治信仰來說明和體現其教喻目的。他曾希望其敍事戲劇有足夠的革命性來爲未來具備徹底破壞性的戲劇準備條件,然而十分明顯,社會危機和他力倡的敍事形式的結合並沒有如他原先想像的那樣實施。正如有人指出的那樣,那種結合實際上產生了一種敍事風格,其本身在前衛運動中已成爲當代戲劇的普遍語言,而不管其觀念上的源頭如何。根據大量分離性技巧,布萊希特最大程度地放棄了對話本身而注重敍述。他無論在哪裡使用對話,總是以一種批判的破壞方式來使用,展示出說話者的聲音並非以某種純粹樸質的個性發生,而是許多代碼的交叉效果。布萊希特的早期戲劇也有較多的後現代主義成分。其早期戲劇在社會力量(歷史的)和心理邏輯力量(超歷史的)的交叉點上探索主體的構成。布萊希特早期作品的行動模式和後期作品的示意模式不同,前者有偶然意義,後者則有教喻意圖。用班傑明(Walter Benjamin)的話來說,這種情況就是所謂體驗生活的隨機衝擊和體驗生活的連續性的不同。這樣,布萊希特在理論和實踐的許多方面影響了後現代戲劇的生成發展。

　　一個世紀末,現代戲劇乃至當代戲劇顯示出這樣一種趨向:戲劇的藝術形態越來越從文本向舞台轉變。現代主義戲

劇──無論是被冠以什麼主義的流派──相對於現實主義
戲劇而言，已開始放棄文本的完整性。有人稱現代主義戲劇
文本淡化是有根據的，但是大部分現代主義戲劇在評論界還
是以文本的形式被討論著。六十年代以來，後現代戲劇崛起，
全面放棄了傳統意義上的文本，徹底走向舞台，形成了有別
於以往所有戲劇形式最醒目的形態標誌。布萊希特敘事理論
的倡導為後現代主義戲劇的非描寫化，與傳統的文本形式、
體類和舞台實踐的分離起了巨大的先導作用。德國戲劇家皮
納‧波希 (P. Bosch) 的舞蹈戲劇是無任何傳統文本的蹤跡
的；專注於舞台表演的格洛托夫斯基和阿爾托被評論家視為
後現代戲劇的先輩；美國的羅伯特‧威爾遜 (Robert Wilson)
的戲劇以冗長著稱，但以舞台指示為主的所謂劇本往往只有
幾頁乃至十來頁；理查‧福曼的戲劇算是有劇本的，但他的
文本無傳統意義上的戲劇要素如情節、性格、衝突等，而是
一種片斷性表演的舞台關係。拋棄傳統文本必然意味著允許
隨機、即興的戲劇成分，如這樣的一個即興演出的例子：幾
個舉止莊重的男人坐在大桌旁，討論著嚴肅的問題。報告人
的話語單調乏味。從幕後走出一位妙齡裸體女郎（電影明
星）。她繞過舞台上的人們，在觀眾廳的一排排座位之間來回
走動，最後坐在一位觀眾的大腿上。當然這種情況不等於說
後現代戲劇是演員隨機或即興表演的戲劇，但後現代戲劇的
隨機和即興是建立在破壞古典的一致性和持續性的基礎上
的。也即是說，從即興戲劇開始的這一新的時期，就是本文
所界定的後現代戲劇。

　　歷史上似乎總有一種富於包孕性的時刻。當布萊希特埋頭思索於他的史詩戲劇時，阿爾托這位法國著名戲劇理論家，也正在建構著他後來走俏於第二次世界大戰後西方戲劇舞台的殘酷戲劇。1938年，《戲劇及其替身》一書出版，使當代戲劇實驗終於找到了自己的理論基石。書名的來由，緣自阿爾托對東方戲劇和西方戲劇的不同價值評判。阿爾托認爲：西方的劇場是言辭的劇場，是邏輯化的、超強控制力的劇場，觀衆身處如此劇場中只能聽憑擺佈、壓抑潛意識奔湧的慾望；而東方劇場是前邏輯的劇場，不依賴於文字，充滿魔法式的經驗，觀衆身處這種劇場中，被控的潛意識域將被開掘，人們將窺見生存奧秘的源頭。據此，阿爾托以爲東方戲劇是眞實的，而西方戲劇是它的替身。他以東方戲劇更能表達人類的本能慾望，便將東方戲劇與殘酷戲劇聯繫起來了：值得藝術家去考慮、去加以表現的，只有人類的本能慾望——憤怒、仇恨、情慾和強烈的物質慾望，戲劇應以不受禁令約束的方法，將意識的下意識、現實與夢境混合在一起，解放人類深藏的、狂暴的和色情的衝動，以抗拒傳統所強加的人爲的道德標準和等級制度；戲劇要能表現出人類靈魂深處的眞正現實，表現出其中無情的野蠻狀況，震撼觀衆，這就是殘酷戲劇。

　　顯然，阿爾托的觀念存有佛洛伊德的影響，同樣印證他的基本藝術觀是非理性的。但他獨豎一幟的是，他想像中的舞台已不是像阿庇亞(Adolph Appia)、戈登‧克雷(E. Gordon Craig)孜孜以求的舞台內心化、風格化和抽象化，總之，舞

台不是文學劇本的影子，阿爾托理想中的劇院不是爲了上演劇本，而是要用一種物質的佈局去體現頭腦中含糊的、秘密的和隱藏的方面。爲了做到這一點，阿爾托在大膽中構設著調用一切舞台及非舞台手段，利用劇場空間，組合完成一種代表有宇宙固有殘酷性的儀式，迫使觀衆參與進來，在參與過程中達到對隱秘慾望的渲洩。因而阿爾托的殘酷戲劇理論至少在三個方面頗爲新鮮：

1.殘酷戲劇中能夠引伸出總體戲劇論來，戲劇應該開發劇場中存在的一切可資利用的資源，甚至突破劇場界際，使戲劇空間無邊際地覆蓋生活。

2.殘酷戲劇中能夠延伸出儀式戲劇論來，這使得戲劇藝術回復到戲劇誕生的源頭，以往貼在戲劇上的功能標簽，諸如古典、浪漫、啓蒙、現實、象徵、表現、超現實、史詩、荒誕等都失去了血色，戲劇在人類學的視界中獲得了新的立足點：戲劇是儀式。

3.殘酷戲劇強調的心理治療功能在後世戲劇功能論中得到了極大關注，戲劇藝術如果有作用，那即是釋放。戲劇是針灸，目的在激活觀衆游滯的心理穴位。

這種戲劇空前地注重劇場性，因此爲環境性戲劇；這種戲劇也空前地注重儀式化，因此又爲參與性戲劇。西方六十年代以來的戲劇實驗者們儘管對阿爾托的殘酷性持保留態度，但基本上在上述三個方面認同了阿爾托。國際知名戲劇理論家馬丁•艾思林 (Martin Esslin) 是這樣評價阿爾托的：「他是這一代最傑出的人物之一，是演員、導演、預言家、

聖人、瘋子、偉大的詩人。他在戲劇方面的實際成就不可能
超過他的想像力，但是他關於一種具有魔幻之美的神秘力量
的舞台設想至今仍是劇壇最活躍的酵母。」

二、後現代戲劇的理論重鎮：
　　格洛托夫斯基、布魯克與謝克納

　　艾思林的評價自然是公允的，阿爾托的戲劇思想的確在
第二次世界大戰後得到不同程度、不同角度、不同方式的貫
徹和發展。當代西方最傑出的戲劇實踐家格洛托夫斯基、彼
得‧布魯克、理查‧謝克納，他們懷中都揣著一個富有生命
力的「阿爾托原型」。

　　波蘭戲劇家格洛托夫斯基完善了他從阿爾托理論中所獲
取的靈感，形成了自己的戲劇見解。他的「質樸戲劇」或「貧
窮戲劇」的產生緣於這樣一種現實處境，電影、電視在文化
消費中占霸權地位，而以美國百老匯為代表的豪華戲劇卻在
投資方面向電影靠齊，追求富麗堂皇的佈景、豪華入時的服
裝、玄妙高超的機關，格洛托夫斯基提倡質樸戲劇實則上是
對豪華戲劇的反撥。他的那段著名的話是從形式上對戲劇的
定義：

> 沒有服裝和佈景，戲劇能存在嗎？是的，能存在。
> 沒有音樂配合戲劇情節，戲劇能存在嗎？能。
> 沒有燈光效果，戲劇能存在嗎？當然能。
> 那麼，沒有劇本呢？能；戲劇史證明了這一點，在戲劇

藝術的演變中，劇本是最後一個加上去的成分。

在這裡，格洛托夫斯基認為演員和觀眾是戲劇的根本元素，是戲劇的實質和核心，戲劇可以不用佈景、燈光、化妝、音樂及至劇本，但戲劇需要表演，需要一種容納、調動觀眾的表演。有趣的是，格洛托夫斯基不是從戲劇應當是什麼的角度去確立戲劇本體，而是從不應當是什麼的角度出發，而正是「無」才生成眾多的「有」。他不僅發現了被紛繁的戲劇因素湮沒的演員與觀眾這樣一對根本的關係，而且還創造性地發明了一套訓練演員的方法，以便演員擺脫陳舊的表演理論和日常生活中的理論規範的束縛，在放鬆的狀態中，在心理力量與形體力量的結合中迸發出內在的激情和衝突。

但1970年以後，格洛托夫斯基似乎淡化了他的質樸戲劇的主張，他開始向一個稱呼為「類戲劇實驗」的新的領域進發。質樸戲劇階段，在格氏的心目中，戲劇是人們交流的途徑，戲劇工作者所思考的只是如何改善戲劇的語言，使戲劇更為有益於交流。但到格氏走出了他的「十三排劇院」進入到類戲劇實驗階段，格氏以為戲劇作為與生活區別開來的一種形式，事實上已經成了交流的障礙，因而格氏尋求著打破生活和戲劇的界線，他設計了很多類戲劇研究項目，譬如，「假日」、「山地項目」、「三人」等。這些項目是一些組織起來的活動，持續幾天到幾周不等，可以在森林舉行，也可以在山地舉行，甚至有時可以局限在一個範圍狹小的空間。格氏認為，這些項目不能視作演員的訓練，也不一定是藝術本身，

它只是一個包容有創造性的機會，一種聚會，在精心安排的氛圍中建立人與人的聯繫，並考察聯繫的程度、方式及其它。

　　格洛托夫斯基的類戲劇實驗極似奧地利劇作家彼得‧漢德克 (Peter Handke) 的說話劇《侮辱觀眾》。根據文本提示，觀眾走進劇場，立刻就能感到劇場氣氛，幕後傳來移動道具的響聲，前排觀眾可以聽見有人發出舞台指令。開幕鈴聲響起，四位說話人走上前來，他們衣著隨便，並不特別對著觀眾，開始說話：

> 歡迎您。這部作品是開場白。
>
> 您將聽到的不是您以前在這裡沒聽到過的。
>
> 您將看到的不是您以前在這裡沒看到過的。
>
> 您將聽到的是您以前在這裡所聽到的。
>
> 您將看到的是您以前在這裡所看到的。
>
> 您將聽到您通常看到的。
>
> 您將聽到您在這裡通常看不到的。
>
> 您將看不到什麼景像。
>
> 您的好奇心將得不到滿足。
>
> 您看到的不是戲劇。
>
> 今晚這裡沒有戲劇。
>
> 您將看到一幅沒有圖像的景觀。

　　這裡，體現出格洛托夫斯基與漢德克戲劇的共同性：一、劇情：不是虛構的故事，而是真事；二、地點：真實的房間或者森林，而不是舞台上的模擬場景；三、時間：強調

即時性，即此時此刻此地正在發生的事情。這樣，觀眾的參
與更爲主動，整個過程更具有偶然性、突發性。

　　布魯克對格洛托夫斯基的實驗推崇備至，稱他是獨一無
二的偉大戲劇革新家。這位英國的戲劇家，一如格洛托夫斯
基從阿爾托那兒激發起質樸戲劇衝動，他從阿爾托那裡延伸
出了空的戲劇理論。質樸戲劇和空的戲劇在追求上極爲相
似。在布魯克所著的《空的空間》一書中，有這樣一場開場
白：

> 我可以選取任何一個空間，稱它爲空蕩的舞台。一個人
> 在別人的注視之下走過這個空間，就足以構成一幕戲劇
> 了。

該書中還有類似的一段話：

> 舞台帷幕常常是一個完整戲劇學派的偉大象徵——紅
> 色幕布，脚燈，我們又都有成爲孩子的感覺，懷舊病，
> 還有舞台幻覺的魅力，這些是一個整體……但是這一天
> 來臨了，……我們再也不想——或需要——變成孩子
> ……於是幕布拉了下來，脚燈也移開了。

　　幕布沒有了，脚燈沒有了，便只剩下空蕩蕩的舞台，便
只剩下舞台上的表演，便只有面對表演的觀眾。布魯克幾乎
有著與格洛托夫斯基一樣的思路，他強調演員的表演，並努
力探索一種跨民族、跨文化的新的表演語彙，這種語彙不受
語言、文化、教育的限制，它將是世界性流通的戲劇詞彙，

即改變台詞在戲劇演出中過去那種壓倒一切的作用。顯然，
在鏡像藝術作爲當代文化消費的主要對象的氛圍中，傳統戲
劇台詞語言開掘得日趨貧乏，語言有喪失活力和新鮮感的趨
勢，用形象來構築新戲劇既符合當代視覺審美的特徵，也是
戲劇獲取新鮮血液的必然途徑。布魯克自覺地順應了這個潮
流，並越發自覺地追求一種無所依傍的戲劇了。

　　美國戲劇家謝克納是從歷史的角度去尋找戲劇的精神，
他對許多民族、部落的戲劇進行了考察，對原始戲劇的形態、
功能有著深厚的研究。謝克納所致力的戲劇理論和實踐，強
調與環境的結合，是因爲他堅信，原始戲劇是與自然、「土地」
結合在一起的，而現代藝術的弊病之一就是對自然的疏離。
這位與格洛托夫斯基、布魯克齊名的戲劇大師是從對空間的
切入展開他的思考和體驗的，最後他得出結論：空間的充
實，空間可以用無盡的方式改變、連接以及賦予生命——這
就是環境戲劇設計的基礎。

　　格洛托夫斯基和布魯克將戲劇還原到表演，然而透過創
造一種新的戲劇語彙將觀衆調動起來。而謝克納則發掘了戲
劇空間這一要素，他以富於想像力的環境設計、空間處理，
使戲劇與觀衆融合起來。他相信，人的身體與身體所經歷過
的空間之間有一種實在的關係，一種微妙而變動不居的關
係。他是這樣理解空間的：劇場本身是劇場外的大環境的一
部分。這個劇場外的大空間是城市生活；也是暫時的歷史的
空間——時空的方式。因此，謝克納的戲劇理論是建立在這
樣的三個關係上：

1.演員與觀衆。強調觀衆不是戲劇的旁觀者而是參與者，「一切演出空間都用於表演，一切空間也爲觀衆所用」。透過觀衆的參與，戲劇「回到了它本來的戲劇性的不確定性上，把非排練性成分重新介紹進演出這塊平坦的土地。發生的事情不在故事中也不在脚本中，觀衆被邀請而把觀看者這一角色放在一邊，扮起了另外更爲主動的角色，故事中的人物面對觀衆的偶發事件，觀衆也遇到了演員的個性」。在其驚世駭俗之作《酒神在1969年》演出的最後，演員與觀衆一起上街遊行，表示對西方文明的抗議。

2.演出與環境。這是謝克納戲劇理論中最重要的一個環節。謝克納認爲，「一切空間都用於表演」，「可以在經過改造的空間，也可以在現成的空間中演出」。環境戲劇的演出空間不僅從舞台擴展到劇場，而且突破劇場走向整個生活空間。在一次演出中，觀衆被帶上旅途，在汽車上，在火車上，在酒吧裡，到處都是演出的場所。要指出的，這裡提倡設計的新的戲劇環境，是帶有意識形態色彩的。他的矛頭直指鏡框式舞台劇場，他認爲，鏡框式舞台劇場的設計目的是爲了強調社會階層和財富的差別，而現在正是要打破這些陳舊的觀念，鼓勵在一個球形組織的空間裡給予和接受。戲劇的空間是整體的空間而不是表演區、觀衆區兩個相對應的空間。

3.戲劇與生活。演出空間的擴大，使戲劇與生活成爲互滲關係，戲劇包溶著生活，生活也包溶著戲劇。謝克納的表演理論涉及日常生活的所有領域，後工業社會中商人、政治家的生活，都是他的研究對象。

　　很顯然，格洛托夫斯基、布魯克、謝克納他們都或多或少吸收了阿爾托的戲劇思想，只是他們各自依從對戲劇的理解，從不同方面著手進行戲劇實驗，質樸戲劇、環境戲劇成爲西方後現代突出的藝術現象。儘管格洛托夫斯基、布魯克將實驗側重於表演這個戲劇要素上，似乎與謝克納探索戲劇

正統劇場		對抗劇場	
舞台	觀衆席	舞台	觀衆席
明亮	黑暗	明亮	明亮和黑暗交替轉換
主動	被動	主動	被迫主動
給予	接受	給予—接受	接受—給予
吵雜	安靜	吵雜	吵雜
不規則安排	有規則安排	不規則安排	有規則安排被運用整個空間的試圖所改變
戲裝	日常生活服裝	通常是普通服裝，有時是裸體	通常是普通服裝，但有時候爲刺激觀衆，裸體或換穿服裝
幻覺空間	普通空間	幻覺空間成爲普通空間	普通空間成爲幻覺

空間環境的能力有所不同，但他們在戲劇追求的本質上卻幾乎一致。他們與傳統戲劇對立起來，標榜自己是反抗戲劇，或稱「對抗戲劇」。謝克納曾就所謂「正統劇場」和「對抗劇場」的種種不同列表對比（參見104頁）。

三、後現代戲劇的特性

對抗戲劇與正統戲劇的對抗不僅僅表現在劇場上，除此之外，還在與傳統戲劇的對抗中體現出他們的類性。底下進一步依序分析。

一、拋棄文本，解構劇本的獨尊地位

從阿爾托殘酷戲劇起，拋棄戲劇中對劇本的迷信和作家的獨尊，就已經成為這批後現代前衛戲劇家追求的目標。他們不約而同地認為劇本不是戲劇的出發點，也不準備演出一部寫好的劇本，而是圍繞主題事實或著名作品而進行直接排演。戲劇演出不再是對劇本的解釋和再現，劇本充其量只是一塊共鳴板，或如格洛托夫斯基意義上的「蹦床」，戲劇舞台演出借助劇本的某種啟示、某種規範實現向自己創作的跳躍。

謝克納的《酒神在1969年》和格洛托夫斯基的《啟示錄》的演出就是一個極好的例子。《酒神在1969年》是由希臘悲劇詩人歐里庇得斯的《巴凱》一劇發展而來。謝氏先把原劇本分發給每個演出者，讓他們分頭閱讀，同時用筆劃去不喜歡

的或被認為沒有價值的那些詩行。在第二次會面時就集體朗
誦劇本，各人只唸自己認為有價值的、感興趣的那些台詞。
這樣便產生了有趣的現象：全劇有些段落吸引著幾乎所有的
人，有些段落卻只有幾個人在唸，還有的部分則是一片啞然。
如此便能清楚地判斷哪些是古典作品中已經死去的部分，哪
些是仍具有生命活力的部分。《啓示錄》則是個混合生成物，
它是在杜斯陀耶夫斯基、艾略特、威爾的作品以及《聖經》
故事的基礎上綜合排練而成。該劇周遊世界巡迴演出十幾
年，成為格氏戲劇的保留劇目。相比之下，美國開放劇院於
1969年上演的《終點》更為典型，此劇是演出者集體就死亡
這一基本主題進行自由聯想而產生的系列即興創作。該劇導
演以及劇組18位成員團繞著死亡這一核心主題進行工作。他
們朗讀了一些關於死亡的文學作品以及黑人激進分子的監獄
來信，請人講解神話中有關死亡的內容，讓屍體防腐成員來
講解是如何使屍體不朽的。他們甚至把屍體防腐處理的程序
納入戲中成為演出的一部分，劇本一邊完成，演出形式也一
邊成形，典型的同步操作。

　　顯然，在這裡，劇本創作集體化、文學大師的時代似乎
結束了。劇本創作與舞台演出形式的定型同時進行，因而在
演出前，作品會是什麼樣子無法斷言。參與劇本創作的演員，
他們與未成型但有基本主題的作品對峙，產生內心及形體反
應，摸索著能夠表達主題的表演詞彙。

二、拋棄傳統的交流形式——對話，尋求 「象形文字」式的表演語彙。

　　交流、表達是藝術的重要問題。現代主義文學曾試圖在使用的語言之外尋求新的表達方式，但未能成功，因此現代主義文學和戲劇表現出無言的焦慮。後現代主義戲劇從布萊希特起就開始尋找對話之外的語言形式，布萊希特竭力破壞傳統戲劇所依賴的語言對白，他發現戲劇藉以敘述的語彙實際上是由語言、姿勢及其它視聽覺成分綜合構成的。後現代戲劇最大程度地發展了這種綜合語彙，其中傳統的對話被壓縮到最小程度甚至被完全取消，語言成分成為非對話的、無貫穿全劇的邏輯意義的聲音，而演員的形體動作和其它舞台形態成分如道具的運用成為這種綜合語彙的主流。阿爾托幻想創造出一套「象形文字」符號就是這種潮流的跳動，它由聲音語言和視覺語言綜合提煉而成，是一種「說話、姿勢和表情的玄學」，在某種程度上與中國戲曲表演程式相仿，但卻能詩意地揭示人的精神及情感狀態。

　　在尋求象形文字式的表演語彙方面，格洛托夫斯基、布魯克和謝克納可謂成績斐然。布魯克在導演歌劇《卡門》時，他讓妒火中燒的唐・何塞揪住卡門的頭髮，另一隻手把一隻橙子拋向空中，用刀子把它劈成兩瓣，在落地前把橙子抓在手中，並把橙汁擠射到卡門的臉上，似乎讓卡門嚐嚐他內心的酸楚。謝克納執導的《酒神在1969年》中有一段持續六、七分鐘的酒神誕生表演。整個過程是由九個赤身裸體演員表演的，四個男演員俯臥在地，四個女演員跨立其間，他們構

成了一個子宮的產道意象。演員們蠕動著身子，發出攝人心魄的呻吟，扮演酒神的演員被一陣陣抽搐和蠕動擠了出來。這種意象化的表演，比任何道具寫實的表演都更具衝擊力而耐人尋味。

　　波希的戲劇和格洛托夫斯基晚期的戲劇完全以演員的形體動作的語言形式作為示意符號，這種象形文字式的表演語彙在評論界被稱為「軀體語言」的交流方式，在後現代戲劇中成為一種普遍的風格，也具有感官的刺激性，無論是福曼的戲劇還是同樣來自美國的威爾遜的戲劇，都有此跡象。透過形體動作表達包括思想觀念、心理運動、自我和潛意識在內的複雜成分，從戲劇符號學的角度看，這種語言形式具有遠比傳統文本對話更大的「密度」。

三、對戲劇環境空間的空前重現

　　戲劇空間的本質在於，它是演員與觀眾交往的組織形式，是他們相互關係的空間組織。傳統戲劇對戲劇空間的認識只是將表演區和觀眾區分開來，而西方後現代前衛戲劇卻絞盡腦汁把過去分得太開的東西重新聯結起來。

　　阿爾托發表宣言說：「我們必須廢棄舞台和觀眾廳，而用單一的場所來取代它，不存在任何分割或障礙，它將成為動作的劇場」。這一戲劇空間的設想，實際上可總結為兩點：1.觀眾必須被演出所包圍；2.空間的每個部分都得加以運用。阿爾托的追隨者在具體的戲劇實踐中，使戲劇空間成為開放的空間，使戲劇空間的組織和結構服從於具體戲劇表演

所欲達到的目的，它和表演相互制約。

謝克納和紐約的「表演劇團」把座落在伍斯特大街上的一座車庫改建成劇場，並依不同的演出改變其內部形態。他們為《酒神在1969年》一劇找到了以環形為主的空間形式，在劇場四周搭建了幾座木頭的五層閣樓，中間留出一片空地作為演出。而上演《馬克白》時，他們又重新設計了空間，用幾個樓梯平台、一個斜坡和壕溝、一個五層高的大平台架子、幾個二、三層高的立方體組合成一個複雜多變的演出環境。格洛托夫斯基1962年推出《古爾丁》一劇，由於該劇表現的是精神病院的病人生活和行為，因而該劇的演出空間自然被設計成一個病房。劇場裡有很多雙人床，演員在床上表演，觀眾在床上觀看。另外，格氏的《衛域》一劇空間設計也極有特點：劇開始時，劇場空中繃著一些繩索，在表演過程中，演員用一堆煙囪搭上去，因而到劇終時，室內搭滿了生銹的煙囪管，空間形象徹底改變。煙囪使人想到法西斯的焚屍爐，所以空間成了焚屍間。

戲劇空間是觀演關係的一種組織結構，當演出者想或多或少將觀眾捲入到演出事件中去時，戲劇空間的設計就會做些微妙處理。格洛托夫斯基在《浮士德》中，把劇場佈置成修道院的餐廳，觀眾被處理成應浮士德之邀來參加最後晚餐的賓客。浮士德把賓客安排到兩張大的長條餐桌後面坐下，浮士德在這些賓客和朋友面前回憶著往事。謝克納導演的《酒神在1969年》則是一個比較極端的例子，演出中觀眾與演員進行辯論，一起跳舞狂歡，並脫去衣服，一起加入酒神誕生

儀式,最後戲劇空間綿延到大街上,演員和觀衆忘形地上街
遊行。在此,可以看出,如何調動觀衆參與戲劇演出,這是
當代戲劇導演孜孜以求尋求解決途徑的一個大問題。

四、戲劇被作為儀式來看待

無論是貧窮戲劇還是環境戲劇,它們的演出都旨在打破
觀演的分割,運用象徵性的意象去充滿空間,全面地威脅和
震撼觀衆的感官和神態。在這類戲劇中,觀衆被捲入演出,
實現了物理意義上的參與,但這並非目的,戲劇演出的最終
目的是要實現觀衆精神意義上的參與。這一體驗的一致性及
參與者的同等是儀式的主要特徵。因而阿爾托認爲「這正是
巫術和儀式的實際目標,而戲劇僅僅是這種巫術和儀式的反
映」。

戲劇被作爲儀式來看待,其極致處,戲劇便與生活間的
界線模糊了。傳統戲劇始終是將戲劇作爲藝術來對待的,藝
術與生活是二元對立的,它們之間有距離,這種距離被人們
看作是審美的必須。但後現代戲劇卻力圖消解這條界線,因
而在某種意義上是在消解審美。如格洛托夫斯基在追求一種
即時戲劇,使戲劇徹底生活化。人們生活時是無法審美的,
生活過程中只能體驗,而格氏正是要在一種精心設計好的生
活程序中使人們心中經歷一些未曾經歷過的體驗。像格氏親
自設計的《人樹》一劇便如斯。《人樹》沒有觀衆只有參加者,
不是看的,而是做的。晚上七點鐘,參加者各帶著過夜用品
被帶到分成工作、吃飯、睡覺等區域空間。劇團成員和參加

者光著脚開始即興表演，基本表演技巧是被稱為「形體衝動」
的即興自發動作。劇的主導者極力不惹人注意，在不顯眼的
地方不停地以激烈的形體動作使人感到他們的存在。參加者
得不到任何提示，也根本沒有人和他們說話，一切都靠形體
來表演。形體動作過後，參加者疲累不堪，各人可隨心所欲
地以各種姿勢稍事休息，室內靜寂無聲。這時響起一個低沉
洪亮的聲音，在場者隨聲附和，聲音越來越響，然後又漸漸
消失。突然一個人開始在屋裡來回奔跑，人們隨之也跟著奔
跑起來。每人的速度不一，但節奏卻絲毫不差，形成一種默
契與和諧。格氏的這種類戲劇實驗，還能否被視為戲劇？但
布魯克的一句話：「戲劇將各式人等聚攏在同一經驗之內」，
卻是當今人們對戲劇的共識。戲劇是種儀式，後現代戲劇的
精神遙接原始人類的宗教生活。

五、以「片斷」為結構原則的戲劇構成

後現代戲劇發展起了不同於現代主義戲劇的全新結構。
從舞台形態看，許多後現代主義戲劇一反現代主義戲劇在簡
單樸素中講述真理的傳統，往往刻意追求過分的華麗、熱鬧
和裝飾。特別是美國後現代戲劇更是如此，他們的舞台往往
充斥了各種扮相的演員和各種花俏過怪的道具，還有令人眼
花撩亂的視聽覺效果，演員陣容多由非職業演員擔任（當然
格洛托夫斯基早期是鼓吹「質樸戲劇」的）。從戲劇節奏看，
後現代戲劇也走向了現代主義戲劇的短小對立面——冗長。
現代主義戲劇大多很短，某些未來主義戲劇只能演幾分鐘，

而許多後現代劇作則要演好幾小時。威爾遜的《史大林的生活和時代》要演12小時，《卡蒙塔因和加德尼婭‧泰羅茜》居然要演7晝夜。與此相關，後現代戲劇的動作往往多次循環重覆，波希的戲劇中演員可繞台跑50次，福曼、威爾遜之戲劇中重覆也是屢見不鮮。後現代戲劇的慢節奏還表現在許多演員和道具的動作也是慢節奏的，彷彿時間變稠了，一張桌子可以在3小時內緩慢橫穿舞台，演員的動作如慢鏡頭的電影，這種處理使觀衆直接看到某個有因果關係的行動如何慢慢地往下延拓直至其不再發生影響，在展示過程的角度上，觀衆的思想或許也被戲劇化了。從戲劇的前後構成關係看，後現代戲劇顯示了後現代主義的一般原則──「片斷」(fragmentation) 趨向，全劇由若干個看上去並非有因果關聯的片斷組成，是對傳統文本邏輯性和一致性的反動。這種傾向的源頭也來自於布萊希特的戲劇。布氏在其敍事戲劇中已開始大量使用分離性成分，並在某些戲劇中嘗試削弱各組成部分的關係。而後現代戲劇使「片斷」結構的戲劇原則終成爲現實。

　　無可置疑，格洛托夫斯基、布魯克、謝克納帶來的新的戲劇觀念，形成了一股包羅萬象的戲劇美學潮流，呈現出後現代戲劇共同特徵的大致輪廓。

(一)綜合性

　　戲劇發展中的二元對立，使得戲劇家往往各執一端顯得偏激，他們宣稱在與傳統徹底決裂的態度上進行革新，每一階段往往致力於解決某一局部問題，諸如象徵、類型、潛意

識、抽象、間離等等，造成對藝術完整的人為割裂。後現代
戲劇家則以一種戲謔、寬厚的態度去對待傳統，他們試圖表
達自己的時候，又顯得含混模糊，因而，後現代戲劇作品的
思想失去了一致性和說服力。布魯克用存在主義觀點去導演
《李爾王》，又像佛洛伊德似的用精神分析的眼光去解釋《哈
姆雷特》，《奧賽羅》則被處理成為關於種族問題的一齣戲
劇。作品不再是用來說服觀眾，而是用來與觀眾進行對照。
形式上，本世紀阿爾托的歌、舞、雜耍並存的「總體戲劇」
夢想又得以復活。像法國導演、演員讓‧路易‧巴羅（Jean
Louis Barrault）提出的總體戲劇，實際上是一種特大綜合的、
形式開放的戲劇。這種戲劇注重最大限度地依靠演員的形體
創造，注意吸收、利用各種鄰近藝術的手法，充分利用音樂、
舞蹈、科譚、服飾、燈光、裝置、投影等所有的舞台因素，
把整個劇場空間調和成一個詩的宇宙。在演出過程中，所有
的演出因素都可以說話，藉由彼此的關係向觀眾說話。

　　1985年，威爾遜導演的希臘悲劇《奧賽絲蕾絲》，就可以
充分說明後現代戲劇的這種綜合性。舞台上用抽象的、超現
實的手法繪成的山脈和「窺向時間」神秘的洞，秦始皇的兵
馬俑、古代沉船、希臘圓柱的局部，表演上既有古希臘的假
面歌隊，又有十七世紀的笑劇。各個演出因素是零散化的而
非同一化的，互相之間作為張力、距離、間隙而非連續性看
待。

　　綜合性還包含感性的多元取向，舞台似不再是如詩如
畫、至善至美的聖境。舞台上充滿著各種精神錯亂和歪扭鄙

醜的動作，充滿了過去被看作是醜的和令人作嘔的東西
──那些垃圾癖和裸體癖，充滿著各種藝術趣味。後現代戲
劇就是要把傳統藝術中的美送上絞刑架，而代之以一個多元
的、開放的感性世界。

㈡現在時

戲劇在其發展的各個階段，有著不盡相同的時間格局。
原始戲劇的時候，常常有一個敘述者或者巫師或者行吟詩
人，他們講述真實的或者幻想的事件，敘述者所敘述的事件
總歸是過去的。在流傳至今的最早劇本埃斯庫羅斯的《乞援
人》中，事件是以50名婦女合唱隊的敘述展開的。但是幾年
後《被縛的普羅米修斯》中，主角走上了前台，第一部分仍
受敘述限制：普羅米修斯講他送天火到人間和他受到的懲
罰。然而他是被鐵鏈捆在岩石上出現在觀眾面前的，是同俄
克阿諾斯的爭論中發展的，過去和現在聯繫了起來。隨後，
懸念在戲劇中越來越精心地被安排，現在掛在牆上的一把
槍，在將來一定會發生作用，現在會對將來具有決定作用。
而後現代戲劇所強調的參與對這種時間關係產生了破壞作
用。參與，使事件具有隨意性和偶發性。過去、現在、未來
的時間鏈被截斷了，一切都沉浮在「現在時」之中。

即使在不具有形式上觀眾參與的演出中，時間的鏈條也
是斷裂的，這表現在事件的隨意組合上。山姆·謝波德 (Sam
Shepard) 的戲劇中，現在的經驗常常是被放大的，成為一種
放大的現實。如在《飢餓階級的禍根》一劇中，非常逼真地

再現弟弟當場小便毀壞妹妹創作幾天的畫，妹妹與母親大談月經初次來潮，哥哥赤身裸體宰殺一隻活羊作爲犧牲。這一切，發生在什麼時間是不重要的、隨意的，重要的是正在被經驗著。顯然，在這種戲劇中，劇作者不受寫作連貫性的制約，他根據自己的思想、根據自己的思維方式寫作，沒有順序，不管哪件事先發生，哪件事又尾隨其後。

　　時間的一個特性是，它總和空間密不可分。後現代戲劇舞台上的空間是靈活多變的，且強調舞台空間必須與其它因素一起發揮作用。如佈景的每個位置是靈活的，並足以適應與任何其他因素在協同一致中發揮作用，成爲它們的多聲部的旋律或者對位，不只是設計兩條或更多的與其它因素單行的表達線，而是能和任何因素溶合成新的質。後現代戲劇的空間，是消融在時間的隨意組織中的。因而，後現代戲劇被喻爲是一種「永恒的現在時」。

(三)刺激性

　　布萊希特創造性地提出了戲劇中的「間離手法」，認爲透過陌生化的眼光，原來以爲是自然的、合理的一切表象就會被撕破，這樣，才能看清歷史、現實的本質。後現代的理論家承襲了這一理論，認爲強烈的刺激既能使觀眾投入，也是把他們拉出現實的一種手段，只有刺痛當代觀眾日益麻木的神經，才能使他們重新打量生活，看清現實不是自然的，而是歷史的，既然是歷史的，也就是可以改變的。戲劇就是要提供一種新的經驗方式。

　　爲了創造這種新的經驗，戲劇家竭盡才思。謝波德在一
齣戲中，每個觀衆席下裝上四個喇叭，台上每一次門的響動
都使觀衆爲之震攝。另一次演出中，二、三十台麵包機不斷
吐出新鮮的麵包，劇場充滿芬芳的麵包香。法國一位導演的
戲劇中，流血、小便、超高頻音響、令人目眩的燈光，給觀
衆強烈的印象。格洛托夫斯基從佈置宴會空間、祭典場面，
到把觀衆帶入月夜山區的自然空間，也就是要給觀衆一種奇
特的經驗。

　　性與暴力，是西方當代戲劇家的兩大法寶。即時戲劇的
早期演出中，就有這樣的場面，一個身上塗滿奶油的裸體女
演員出現在觀衆中間，觀衆只須付點錢，就能用嘴去舔她身
上任何部位的奶油。在「打破性慾禁忌」的旗號下，舞台上
從裸體戲劇一直到公開的性行爲，其中，嚴肅與庸俗並存。
暴力在戲劇舞台上似乎是一個永恒的主題，伊莉莎白時代就
經常可以看到殺人。但是，莎士比亞或者把謀殺處理成特殊
情況下的正當行爲，如《哈姆雷特》，或者處理爲危害社會秩
序的破壞力量，如《馬克白》，而從來沒有把殺人念頭與人的
天性等同。而如今西方後現代戲劇舞台上，暴力的概念已經
發展到一般的規律，能用在每個人身上，舞台上的英雄常常
是殺人魔王。美國一部名爲《砒霜和舊花邊》的劇作，就是
一部用輕鬆的方式殺人的喜劇。作品主人翁是兩個討人喜歡
的老太婆，專殺那些生活無著落的孤苦老人，最後以此爲樂，
把從瘋人院來看望他們的醫生也殺了。美國生活劇團演出的
《弗蘭肯斯坦》，甚至讓觀衆受到囚禁、刑罰。

(四)平淡性

平淡性意指作品不再具有獨到的態度和見解，這與整個社會信仰的喪失密切相關。格洛托夫斯基在其名作《邁向質樸戲劇》中說過：「社會團體受宗教限制越來越少，傳統的神話形式在動盪中，正在消逝和取得再生。觀眾與作為共同眞理和集體典範的神話之間的關係，就越來越具有個人特色，而信仰往往是理智上的信服問題。這意味著，要想取得在生活假象後面那類心理底層上必需引起的衝動，就更加困難了。集體與神話的同一化——即個人的或個別眞理與普遍的眞理的平衡——實質上，今天是不可能的」。顯而易見，像布萊希特那樣為思考的觀念寫作，在後現代戲劇那兒是無聊的。他們在劇院裡宣稱「哲理走進來，我就走出去」的主張。作品不再被分析，而是被感受，批評不再指作家的觀點錯了，而只是談他的文本有問題。「風格」，在後現代中也有了新的含義，以往，風格這個詞包含了藝術家對世界的獨特的看法，而現在，風格僅僅意味著文本的組織方式。如謝波德的戲劇《芝加哥》，由劇中人物斯都和伙伴喬伊的遊戲組成。斯都坐在澡盆中，幻想它是一條船，他的幻想是即興的、輕鬆的、幽默的。但當喬伊準備離開去度假時，斯都在澡盆裡的幻想漸漸帶有恐怖緊張的性質。斯都在幻想中將喬伊的假日轉換成一場集體自殺的前奏。由於幻想被推到極致，以至於人們判斷不出自殺是幻想、是遊戲還是現實。這種模糊的感受使劇中滲透出來的恐懼氣氛始終有一種遊戲性。儘管謝波德戲

劇中種種經驗的組合仍能關聯著失卻邏輯性行動後的存在狀況，但冷漠中透顯的一些似是而非的情緒和經驗，使戲劇的最終意義拋至虛空，使每部分都失去意義，只是讓它們濡合成一種整體的紛雜、繽紛但沒有意義。

作為後現代主義總體文化格局中的後現代戲劇，它的命運又將如何？荒誕戲劇風潮已逝，實驗戲劇已近尾聲，後現代主義在戲劇方面作出的種種嘗試將銘刻在戲劇漫長的史跡中，它們的意義在於：戲劇曾經如此過，它們是一種經驗，這種經驗有可能被後世啓用，也有可能遭到冷落，總之它有被選擇及淘汰的種種可能性。

參考書目

1.安托南・阿爾托，《殘酷戲劇》，中國戲劇出版社，*1993*

2.耶什・格洛托夫斯基，《邁向質樸戲劇》，中國戲劇出版社，*1984*

3.彼得・布魯克，《空的空間》，中國戲劇出版社，*1988*

4.馬丁・艾思林，《戲劇剖析》，中國戲劇出版社，*1981*

5.理查德・謝克納，〈環境劇場〉，《戲劇藝術》，*1989*，第*4*期。

6.貝托爾特・布萊希特，《布萊希特論戲劇》，中國戲劇出版社，*1990*

第五章

後現代音樂和舞蹈

一、後現代音樂

　　十九世紀末至第一次世界大戰期間，在歐洲樂壇上出現了印象主義音樂。它的出現，突破了傳統音樂的某些創作法則，創立了新的技法和風格。音樂由此進入了現代時期。在兩次世界大戰期間，一些作曲家把音樂的基本要素——旋律及和聲或其中的某一要素進行了徹底的改革，這樣便出現了與傳統音樂相對立的「新音樂」。到第二次世界大戰後，特別是五十年代以來，由於電子音樂的出現，又有一些作曲家甚至認爲「新音樂」也遠遠沒有脫離傳統音樂的影響。因此，他們決心向所有常規技法挑戰。他們不僅對傳統音樂的旋律、和聲和節奏作全面的否定，而且還對音響來源、記譜法、創作和表演形式都進行了根本變革。於是，一個狂熱的實驗主義後現代音樂時期開始了。

　　西方後現代音樂的流派及作品數量頗爲可觀，它們的特殊技法和所體現出的風格，以及內容和形式等均不統一，且

往往有幾種流派同時並存的局面。茲選錄一二介紹於下。

(一)偶然音樂

出於對極端控制機械性的反感，或因為複雜的作曲方案不易使人聽懂，有些作曲家便試圖在音樂作品和演奏中，加進部分不確定的效果。這種音樂被稱為「偶然音樂」或「機會音樂」。偶然音樂的作曲家在譜（一般都是圖表）上勾劃出大致的輪廓和記號，主要靠演奏者的臨時即興發揮，創作者和演奏者都是作曲家，只不過有記譜和不記譜之分。

美國作曲家約翰・凱奇（John Cage）被認為是偶然音樂的鼻祖。他在1952年左右就已經開始在自己作品的結構中，採用各種偶然性因素。在1951年創作的《想像中的風景第四號》裡，讓24個人操縱12台收音機，用各種頻率同時發出雜亂的音響。1954年製作的「鋼琴曲」《4'33"》，演奏者根本不觸琴鍵，只在鋼琴旁靜坐4分33秒鐘。他自稱，聽眾雖聽不到鋼琴聲，但進入聽眾耳朵的各種外界音響，都是來自「實際生活」的具有真正而不是虛構的美的音樂。凱奇還設計了一種人為加工的「調整鋼琴」，以獲得偶然的音響。他把一些橡皮、木塊、鐵釘等塞入鋼琴弦中間，使鋼琴的發音有些是鋼琴聲，有些又不像鋼琴聲；有樂音，又有噪音；有固定音高的音，又有不固定音高的音；有悅耳的協和音，又有刺耳的不協和音。凱奇製作的《第一鋼琴奏鳴曲》就是用這種鋼琴演奏的，彷彿是一曲眾音相雜、變化多端的「諧謔曲」。更有極端的做法，例如，他寫過一首鋼琴曲，把它分印在幾張不

同的紙上。根據他的指示，演奏者把這幾張紙扔出去，然後
按照隨意拾起來的順序演奏。

　　除卻凱奇、亨利‧普瑟爾（Henri Pousseur）與 E‧布朗
（E. Brown）也是熱衷於此類音樂的音樂家。普瑟爾的鋼琴獨
奏曲《符號》，寫在六頁雙面紙上，每頁印有幾行排列好的音
符組合，另外附有四張單頁紙，紙上除有三個「窗口」外，
還有幾組音符。演奏者把帶有「窗口」的紙隨便放在印有音
符的紙中間，演奏者演奏偶然出現在他眼前的東西──可能
是印在紙上的音符，也可能是從「窗口」中露出來的音符。
這一作品永遠不會有兩次相同的演奏。布朗也是一位寫過若
干給演奏者有選擇權作品的美國作曲家，曾把這種活動比作
活動的雕塑。在這些懸浮著的結構中，藝術家製造的各部件
是永遠不變的，但由於聯結得極其靈巧，它們相互間的關係
總是在變化著。即使一股最輕微的風都能改變它的整個面貌
──「永遠相同，又永不相同」。布朗的樂曲每一次錄音都可
以比作是一件活動雕塑的一張照片，它將是柔和的、可塑性
強的材料，一次可能出現的形狀的紀錄。

　　顯然，偶然性音樂的作曲家把一部分或大部分創作權力
轉讓給演奏家，使他們的演奏不受作曲家的全面約束。在總
的創作方案內，使演奏家的高超技巧能夠自由馳聘，豐富的
想像力和創造力能得以充分的發揮。

㈡電子音樂

　　電子音樂是廿世紀五十年代出現的一種新音樂，其主要

音響來源是用電子技術本身製作出來的。製作電子音樂需要
好多設備，如製造各種音色的電子振盪器和改變音色的濾聲
器，還有調製器、節奏器、調整器和音響特性變換器等。用
它們來平穩地改變音量和音高，形成有規律的或無規律的、
機械的或自由的節奏脈動。最後，還要有交混回響的和記錄
的重播設備。電子音樂從音源到作品的完成都是利用這些設
備加工製作的。

　　五十年代末產生了電子合成器，它把所有的單一電子機
械合為一體，從而改變了單一電子機械加工電子訊號的困
難。它是一種既完善、又方便的電子樂器，只要按一下電鈕
即可完成。它不再只能在工作間製作音樂，可以在大劇場「演
奏」。所謂電子音樂的「演奏」不是靠任何音樂家和樂隊的演
奏，也不使用任何常規樂器和電子樂器，只靠一二人操作即
可。

　　在電子音樂領域影響最大的是德國音樂家史托克豪森
(Karlheinz Stockhausen)。1954年，他製作了《習作 I、
II》，並灌製了唱片，以後電子音樂開始流行起來。史托克豪
森還把純電子音樂和具體音樂組合成很有趣的作品。在這部
作品中採用了不同地區、不同文化的片斷，如有美洲和亞洲
的音樂、聖歌和歌曲，以及西方的傳統樂器與純電子音樂，
將這些音樂完全混為一體。他勾畫出全世界的音樂文化並把
這些文化融合在一個藝術作品中，它好像是一幅「世界音
畫」。

　　法國和德國幾乎是同時在電子音樂上邁出第一步的。皮

爾·舍費爾（Pierre Schaeffer），法國電子音樂的開創者，是一名受雇於法國國家電台的無線電工程師。藉由廣播工作，他熟悉了各種「音響效果」──火車的鳴笛聲、風聲、雷聲、鳥鳴聲等等。他的早期作品就是把這類預先錄製好的音響加以編排和拼湊錄製而成的。1948年10月在巴黎廣播了這種作品的一部分，這一事件具有重要的歷史意義，因爲這是歷史上首次公開演出不由人來演奏的音樂。舍費爾稱他的這種音樂爲「具體音樂」，理由是這些音響是具體的，是可以透過實際操作發出響亮聲音的東西，而不是「抽象」的。

六十年代末興起了電子計算機音樂。廣義上言，它仍屬於電子音樂的一種。電子計算機音樂的全部創作過程，首先是作曲家預想好，將想好的音高、時值、音色、力度和節奏都編好程序，然後，用電子計算機程序卡把這些指令轉爲訊號，最後將電訊號記錄在磁帶上，再透過輸出設備和音響設備放出。如帕格尼尼（Nicolo Paganini）的二十四首隨想曲和《無窮動》，其演奏技巧上的難度是歷來公認的，到目前爲止，世界上還沒有超過這種難度的小提琴曲。但用電子計算機來「演奏」，卻是輕而易舉的事，同時，也豐富了樂曲的音樂表現力和色彩。不過，它總不能像人演奏提琴時所發出那種感人肺腑的音響。

電子音樂的作曲家，運用和各種電子技術可以任意組合各種奇異的音響、紛繁多變的節奏，製造逼眞的人聲和樂聲無法達到的音域和速度，還可以產生出宇宙中虛無飄渺的聲音等等。可見，電子技術對音樂的發展起了很大的促進作用，

它能製造出各種優美的曲調和藝術高超的音樂作品。

㈢最簡單派音樂

　　七十年代初創作和演出的一種音樂可以稱作「最簡單派」
音樂，因爲它類似同時在美術界出現的一種把繪畫嚴格限制
在基本視覺的最低成分中的流派（即抽象派）。這一流派曾經
提出：「不要有結構，不要有筆法，不要有勾勒或輪廓線，
不要有明暗層次，不要表現空間、時間，不要有活動態勢，
不要有客體、主體或素材。」那麼還留下什麼呢？大幅的畫
布被塗成一片漆黑，這就是抽象派的畫。另外從事這種繪畫
的畫家，有時在一幅畫布上畫上兩條或三條寬帶。同一流派
的雕塑家們則搞一些箱狀物體或其它幾何形物體。

　　美國現代作曲家特里・里雷（Terry Riley）曾經寫過一
首具有與這些繪畫相同特徵的樂曲，叫做《C調》。它由53個
旋律片斷組成。這些片斷可以按照任何順序演奏，可以隨意
反覆，能用多少樂器就用多少樂器。由於某些音符占有數量
上的優勢，可能產生一個基本的和弦進行。美國作曲家史蒂
夫・雷奇（Steve Reich）的音樂，除在節奏的結構上加以控
制外，實際上與此作品相類似。他的樂曲《四架管風琴》，是
爲四架電子風琴和一副沙棰寫的。沙棰打著不變的拍子，同
時四架電風琴連續奏著相同的和弦進行，共持續25分鐘，但
是在各個和弦之間有著各種長短不等的休止。雷奇在他的另
一首樂曲《顯現》中使用了電子音響，這裡用的音響材料是
從始至終反覆著的一個口述的句子。通過兩聲道把它錄到磁

帶上，先是速度一致，然後，第二聲道慢慢加快趕到前頭，於是兩個聲音分成四個，又分成八個，形成一首有趣的、幾乎是催人入睡的樂曲。波琳・奧利維羅斯（Pauline Oliveros）是美國女作曲家，她的《I of IV》是由一些複雜的、更接近噪音的音響組成的，幾乎持續二十分鐘。作者偶爾加進一些新的音響，有些非常微妙，有些很明顯，但是持續低音不變。在上述這類樂曲中，許多世紀以來占主要地位的、著重主旋律的音樂思想被著重聲音的思想所代替了。

(四)環境音樂

德國作曲家史托克豪森為八個歌唱演員寫過一首樂曲，題名為《心境》。每個歌唱演員帶著一個話筒坐在地板上，好像圍著一堆篝火。他們拉長聲唱出降B調和弦，時間長約二十分鐘，偶然呼喊幾聲某神明的名字。而其實，《心境》不僅要聽而且要看，它是一首戲劇性的作品。很多屬於這一流派的作曲家把他們的音樂與燈光和舞蹈結合於一體。美國作曲家拉・蒙特・揚（La Monte Young）是這類音樂的倡導者之一。他上演了音響與燈光可以持續一周的「環境」音樂。人們可以隨時來欣賞，就像大自然中的瀑布或全景照片一樣。《獻給貝多芬音樂大廳的音樂》是史托克豪森設計並創作的，是在波昂著名音樂廳的三個廳和休息室中連續和同時演出的音樂。聽眾可以漫步在音樂大廈內，一會聽這一處的音樂，一會聽那一處的音樂，一會聽兩處或更多處的音樂。地板上準備了一些彈簧床墊，以備要休息的人們使用。同時，有人在

讀著詩歌，四壁上放映著電影。

　　馬克斯‧紐豪斯（Max Neuhaus）在他的一首題名爲《穿行》的樂曲中，創造了眞正的「環境音樂」。這一作品使用了電子音響。當人們走進紐約的一個大建築時，就會聽到這一音樂。音高與聲音的傳送方向受著天氣變化的影響。他還創作了《坐在汽車裡聽的音樂》，即把很多無線電發射機在一段公路上排成一行，來往汽車上的人可以調到特定的波段來收聽這一音樂，感受環境音樂的神奇。

(五)概念音樂

　　概念音樂更遠離傳統的音樂觀念，它同樣也是與美術界所出現的新思潮相呼應。美術上的這一新思潮是對視覺上的概念只要加以構思和描述，不必把它畫出來。這一思潮的音樂則是沒有任何聲音，而僅是想像而已。例如史托克豪森的概念音樂《一周間》的樂譜就是由詞語構成的：

　　彈奏一個音
　　繼續彈奏它直到
　　你感到
　　你應該停下來爲止。

　　克里斯琴‧沃爾夫（Christian Wolff）的樂曲《石頭》，也屬於這類作品，其內容是：「使很多大小不同、形狀各異（以及各種顏色）的石頭發出聲音來，大部分聲音是謹愼而沉穩的，有時是急促而連續的。絕大部分是以石擊石，不過

偶然也以石擊其它東西（譬如鼓面），或用其它方法（如用弓
子擦奏或以電擴大）。不要打破任何東西。」

　　儘管這種音樂的大部分作品有其新奇性，但它並非完全
新的東西。這方面最大的影響是來自約翰·凱奇。凱奇的興
趣除了寫許多預先制定了作曲程序的、類似但不同於序列手
法的樂曲以外，還喜歡在鋼琴上發掘新的音響，把鋼琴變成
一種新型的打擊樂器，即在鋼琴上各位之間規定的地方插入
一些金屬絲、螺栓、小片的橡皮和小木塊等，從而完全改變
它的音響。凱奇創作鋼琴曲《4'33"》（四分三十三秒）：鋼琴
演奏者一動不動地在鍵盤前坐上四分三十三秒。凱奇認為，
這首樂曲的「主旨」在於當沉寂無聲時，聽眾開始注意到周
圍發生的無目的的、偶然的聲音。出現的聲響也許是一聲咳
嗽，也許是移動腳的聲音，甚至人們的耳鳴。凱奇要求我們
的「僅是認識我們的現實生活」。

㈥噪音主義音樂

　　隨著現代化大機器生產的發展和大城市的紛亂、繁華，
人們的生活感受發生了巨大變化。有些音樂家不再滿足於以
往形式的各類音樂，企圖更換音響來源，即用噪音代替樂音。
他們提出的口號是「打倒雲霧和波浪，打倒美人魚和夜晚的
馨香」、「機器到藝術中來，電是我們的神，讓我們探索新的表
現形式」。後來人們把這一主張稱為噪音主義或未來主義，稱
用噪音創作的音樂為具體音樂。

　　四、五十年代，隨著電子技術的發展，具體音樂常常和

電子音樂相聯繫。它是把日常生活中的具體聲響，如飛機、火車、機器、風聲、人聲、鳥鳴等，直接錄在錄音磁帶上，用錄音技術和電聲手段加工處理而成的。法國國家廣播電台的舍費爾是具體音樂的理論家、創作者。他的《鐵路練習曲》、《飯鍋練習曲》、《紫羅蘭練習曲》、《悲愴練習曲》、《墨西哥之笛》等，都是這類作品。《鐵路練習曲》原始材料是作者在巴黎火車站錄製的。他把正在開動的火車車輪在鐵道岔的碰擊聲、汽笛聲、車廂的震動聲錄製下來，之後，將其加以節奏對位，多用漸強、漸弱、火車頭獨奏和車廂全奏等分段進行加工處理，最後成爲一首樂曲。舍費爾另一與人合作的《單人交響曲》，是把人體內發出的聲音和外部音響組合而成的樂章的具體音樂。這部交響曲以男聲和女聲爲主，利用男女的喊聲、低語聲、笑聲、哭聲、歌聲、呼吸聲、吹哨聲、對話片斷、普通人聲等，作爲音樂的「旋律」，用敲門聲、脚步聲、各種敲打聲、傳統樂器、「調整鋼琴」的穿揷聲作伴奏。1953年舍費爾又與他人合作創作了大型歌劇《奧菲士53號》。這部歌劇是根據希臘神話故事，用各種噪音加上女聲詠嘆調、古鋼琴、弦樂、希臘語、法語等，組成氣氛威嚴的音響寫成的。歌劇中的大合唱《奧菲士的面紗》是其中的一個樂章。這裡有聖詠式的模進，它象徵著神秘的被注定的命運，最後出現了命運的女神，之後，出現了希臘讚歌的詞句、不斷升高的人聲和下落噪音瀑布、人聲的對話和雄糾糾的呼聲，結尾是不變地重覆希臘詞句的人聲。這一樂章，就其感染力來講，是具體音樂最成功的作品。

㈦「唯音」音樂

在匈牙利作曲家喬治‧里蓋特 (György Ligeti) 的樂曲中，人們可聽到一種對音響的追求。他的《大氣層》一曲以非常恰當地為電影《2001年太空漫遊》中的外層空間景色配音而著名。在這首不用定音鼓的大型管弦樂隊樂曲中，每一樂器演奏一個獨立的聲部，在寫法上極其複雜。這一樂曲開始時以非常輕柔的弱音奏出了一個間隔很寬的複雜和弦。因為沒有節拍，這一和弦就像懸掛在空中一樣。當一些樂器停下來而為另一些樂器所取代時，人們幾乎覺察不到任何音色變化。在下一段中，顫音代替了單個的音，從而豐富了音響效果。木管樂器以互相交錯的半音階逐步上升到又高又尖的頂點。緊接著，各種樂器集中圍繞著一個共同的音發出像飛蠅般的嗡嗡聲。在隨之而來的一段中，管樂器吹奏者們吹出一些不是樂音的音，形成了奇特的音調，在結束時，樂曲逐漸消失在沉寂中，最後一響是撥拂鋼琴的琴弦聲。

喬治‧里蓋特的管風琴曲《音量》和豎琴曲《連續的統一體》在風格上十分相似。作曲家本人說過：「在兩個作品中，我的主要目的是建立起一種音色比旋律、和聲、節奏更為重要的藝術形式……旋律、和聲、節奏被壓縮並整齊地排列在濃厚密集的結構中。」這種靜態的音樂在所謂「音塊」(sound-block) 作品中都曾出現過。

總之，後現代音樂派別甚多，除了已經提到的偶然性音

樂、電子音樂、最簡單派音樂、環境音樂、概念音樂、噪音
主義音樂和「唯音」音樂外，還有像微分主義音樂、點描主
義音樂、空間音樂、事件作品音樂、鑲貼音樂、組合音樂、
新即興演奏與直觀音樂等。它們以標新立異的姿態，構成了
後現代文化語境中音樂的熱鬧景觀。

二、後現代舞蹈

　　與其它藝術相一致的，後現代舞蹈也開始萌生和發展。
第二次世界大戰時期，歐洲現代舞處於一種瀕臨滅絕的狀
態，直到六十年代，才從美國回流到歐洲。北美雖未遭到戰
爭的直接破壞，但因男演員參軍，多數舞團解散，舞蹈藝術
處於一種停滯狀態。但不管怎樣，在大戰結束後，美國的現
代舞處於鞏固地位。三十年代第一代奠基人爲新興舞蹈大聲
疾呼，積極傳授技藝。四十至五十年代的第二代繼承人，從
前輩的經驗中吸取營養，但也有一部分人在不斷探索自己的
路。

㈠四十年代

　　繼承人一代不像奠基人一代那樣敵視芭蕾，有時還認爲
芭蕾訓練能幫助自己使技巧更完美，發展輕快、柔和而帶抒
情趣味的動作，由此，延伸並擴大了表現的新領域。上一輩
的主要遺產，是直線似的發展概念，即作品有開頭，沿著明
確線索發展，且經常表現人與人、人與自然之間的矛盾衝突，

以至涉及到心理範圍的主題，直到結尾。人體動作強調情緒和戲劇性。這一概念在霍塞‧林蒙（H. Limon）、安娜‧索柯羅（A. Sokolow）、保寧‧康奈爾（P. Koner）等人的作品中，表現得毫不含糊。

1.霍塞‧林蒙

　　林蒙出身於墨西哥音樂世家。偶爾觀看德國舞蹈家的演出，受到鼓舞，25歲起才開始投師韓芙莉（D. Humphrey）學習現代舞。他先做韓芙莉的舞伴，大戰後退役開始自組舞團，由韓芙莉任藝術指導。林蒙舞團是受美國國務院派遣出國進行友好訪問的第一個舞團。1954年去南美各國，後去歐洲、蘇聯，都獲好評。他的創作和表演，富於英雄氣概和男性美。代表作品有：《奧塞羅》、《瓊斯皇》、《馬菱切的傳說》、《大地的一天》等。

2.安娜‧索柯羅

　　安娜‧索柯羅算得上是無情揭露、孤立、隔絕和失望主題的現代派劇場舞蹈家。在這一點上，她直接師承了葛蘭姆（M. Graham）風範。她曾在三十年代參加葛蘭姆舞團十年，以後多在墨西哥、以色列、日本旅行教學。她的編導，兼長於塑造人物和抒發情調。音樂興趣廣泛，從古典到爵士樂都採用，特別敏感於都市節奏和強有力的衝撞風格。她的幽默傾向於嘲笑而意味嚴肅。除自組舞團外，她還客串編導，代表作品有《抒情組曲》、《公寓》、《街景》等。

㈡五十年代

五十年代起，有部分第二代舞蹈家試圖脫離三十年代傳統，探索自己新的道路，後來被稱為「新前衛派」。實際上，新前衛派已經露出後現代的端倪。這些舞蹈家多為男性，他們親身受過第二次大戰炮火的洗禮，對時代感受與奠基人一代有巨大變化。他們聲稱對人與人的關係，不再發生興趣，而對人和宇宙關係發生了興趣。因此採取極度抽象手法，抹去人物的形象性，使一般觀衆難於理解。代表人物有：阿爾文‧尼可萊(A. Nikolais)、默爾斯‧坎寧漢(M. Cuningham)、蘇比爾‧席勒爾 (S. Shearer)、保爾‧特勒爾 (P Tayler)、詹姆斯‧瓦爾林 (J. Waring) 等。

1.阿爾文‧尼可萊

尼可萊在1948年主持亨利街區劇院後，實驗一種舞蹈、音樂、燈光、道具抽象性的劇場藝術，創造了一種奇異境界。這種音樂、色彩、燈光、道具在舞蹈中的新用法，有的評論家指出：「讓觀衆注意尼可萊作品中各種藝術之間的關係性」。即演員不只是和演員聯繫，演員從聲、光等取得反應，有時變成道具的一部分。尼可萊認爲，舞蹈動作不限於是一種情緒的語言，而是一種動的語言。因此，動作語彙十分廣泛，他要求動作抽象化，有如除去雜質、提煉本質的蒸餾水。這樣簡潔而純化、準確的動作線條猶如機器切割，用魔術般的燈光裝飾起來，形成一種特殊的氣氛。尼可萊在1965年寫的自傳文章《我不是火星下凡》裡爲自己辯護，他有「劇場

魔術師」之稱，而且歌劇、電視、電影各界都需要它。代表
作品有：《面具、道具和變動》、《尼可萊的世界》、《結構》、
《光譜》、《風的傳說》等。

2.默爾斯·坎寧漢

　　坎寧漢1939-1945年間，曾在葛蘭姆舞團擔任重要男角，
同時自搞獨舞實驗。他的編導新花樣不是靠觀眾已接受的故
事、情節、人物和戲劇性情調取勝，而主要興趣集中在純動
作和它本來有的可能性上。他認為，故事已不能反映現代人
類生活中千差萬別的繁複印象。人類經驗，並非直線式的安
排，而屬於紛亂的、偶然事件的湊合。為了符合事實眞象，
經常隨機取樣組織舞蹈片斷，彷彿東方佛教中的「因緣」之
說。在他的作品裡，佈景、作曲和編導，各自獨立活動。只
了解一個作品的大概氣氛，不求熟悉細節。其代表作有《空
間和時間的五人組曲》、《雨中森林》、《步法變換》等。

㈢六十年代

　　眞正完全地透露出後現代氣息的舞蹈，是從六十年代
起。有一位教堂牧師為鼓勵青年舞蹈家另闢蹊徑，把教堂讓
出供給演出，培植了一批著名的青年實驗舞蹈家。這就是頗
具影響的「賈德遜紀念教會（Judson Memorial Church）」舞
團。從此，這些新前衛舞蹈在缺乏正常劇場的條件下，也願
意在任何場地演出，在公園、街道、屋頂、停車場、教堂，
甚至在圍繞曼哈頓島的遊覽船上。

　　青年一代的舞蹈創作，既然摒棄面向前方的舞台，便能

自由地運用空間，或在舞台前沿內外交叉進出表演。有的用
生活便服代替舞台服裝，甚至不化粧、不用音樂伴奏；有的
雖配上音樂，但也不由音樂支配，只看作是一種伴隨的音響，
聽來愉快不愉快，悉聽尊便。舞蹈動作亦受到挑戰，否定正
規訓練，經常爲未經訓練的人創作舞蹈，臨時邀請觀衆參加
表演。這和以往舞蹈家相比，對舞蹈的態度顯得隨便多了。
作品不要求特製服裝，不專爲舞台、爲任何場地設計，不要
求戲劇性的燈光效果，由缺乏訓練的人們參加演出。這種活
動，在六十年代中、後期經常出現。這一集團的著名人物有：
馬雷・路易斯（M. Louis）、約翰・麥迪威爾（J. Mcdowell）、
史蒂夫・帕克斯頓（S. Paxton）、馮尼・雷納（Y. Rainer）、
吐拉・薩普（T. Tharp）、巴圖・讓米耳（B. Lamir）等。這
一集團就叫做「後現代派」。

　　另一舞蹈研究集團，由一批比較穩健的青年編導家組
成，經常湊節目聯合演出。他們活動的大本營是舞室、樓閣
和亭子間。成員有：傑夫・鄧肯（J. Duncon）、傑克・莫爾（J.
Moore）、裘迪斯・威里士（J. Willis）、古斯・梭羅蒙（G・
Solomous）、伊麗莎白・金（E. Keen）、裘迪斯・丹（J. Dunn）、
比爾・狄克遜（B. Dixon）等，創作風格屬於實驗和探索性質。

　　後現代舞蹈，崇尚創新，形式多種多樣，內容亦千奇百
怪，但卻有當代的獨特風格。最突出的代表當推薩普。她是
個有點調皮的藝術家，打破了公認的現代舞蹈的莊嚴的表現
形式，以無比信心勇往直前，引起了輿論的關注。她的代表
作品《八個爵士樂組舞》、《雙座小轎車》、《時光流逝》、《你

推我撞》、《畢竟如此》等,令觀眾刮目相看。她不僅涉足別的舞蹈家未曾進入的領域,更重要的是她的在那些領域裡的舞蹈特色。如1973年初演的《雙座小轎車》,不僅氣勢磅礡,而且能把搖滾樂和古典芭蕾融合無間。這個舞蹈結構,如實反映了當代美國社會的精神狀態,演員的動作有的粗魯,有的柔和,用不同體態和幽默手法,反映了青年一代心靈深處湧動著的各種慾望。舞蹈以表現他們的共同願望告終。在一個理想境界,大家共同起舞,各式懶洋洋的動作充斥舞台,也有個人離群而舞,然而,這一切都表現得十分和諧。薩普深入領悟青年一代的各種現象,不管傷感情調。它貌似古典,又確實來自實際的大眾生活。它顯示六十年代公誼會教徒的唯美主義的消逝,代之而起的是美國式的、機智和匆忙的都市生活節奏。

　　幾年之前,賈德遜教會集團便嘗試著衝破奠基人一代所建立的反映時代危機、煩惱、性愛和宗教的舞蹈風範,巧妙地打破了劇場舞蹈的固有秩序。薩普的出現,更增添了創新因素。用別樹一幟和突然襲擊的節奏,讓觀眾振奮而吃驚,更創造了一個重要而又難以把握的因素,便是超越芭蕾舞、現代舞和流行舞蹈的範疇而富有時代氣息的形體。她能在左顧右盼、舉手投足之間,迎合當場每個觀眾的興趣。薩普以自己的獨特形體,代表了她那個時代的特色。她交替使用有力的小動作和往前飛撲的大動作,去表現嬉皮文化的緊張情緒和恐懼心理,以及他們的狂熱。

參考書目

1.王岳川、尙水編,《後現代主義文化與美學》,北京大學出版社,*1992*

2.施圖肯什密特,《二十世紀音樂》,人民音樂出版社,*1992*

3.漢森,《二十世紀音樂概念論》,人民音樂出版社,*1986*

4.溫奈斯特朗,《二十世紀音樂精粹》,人民音樂出版社,*1989*

5.葉維廉,《解讀現代‧後現代》,台灣東大圖書公司,*1992*

第六章

後現代繪畫藝術

　　歷史總有其一脈相承的地方，要在現代與後現代之間截然劃出一條分水嶺是困難的，在後現代呱呱墜地之前，二十世紀以來，現代主義臍帶為其輸送著養料，比如從杜象的現成品藝術及尼采關於上帝之死，重估一切價值的振聾發聵的哲學吼聲都可以尋見後現代主義的根源，杜象（Marcel Du-champ）與尼采的極端言行，為後現代主義者五體投地，他倆被奉為後現代藝術之父和後現代哲學之父。然而歷史的悖論顯示，當後現代承襲了父輩的那種反異化、反疏離等觀念的同時，又承襲了反叛、懷疑精神，而他們首先反叛的就是現代主義。於是便出現這樣奇特的歷史景觀：後現代接過現代的接力棒後，便朝著與現代逆反的方向狂奔起來，這種狂奔絕不意味著倒退，而是歷史進程的速與力。於是有許多早已被藝術史和藝術理論認為過時的東西重又被拾起，如「招貼」、「標籤」、「時代精神」、「主題先行」、「文化消費」等，成為創作手法上的時尚。

　　要給後現代主義下定義較之為其斷代有更大的困難，正如加拿大後現代主義學者琳達‧哈琴（Linda Hutcheon）所

述，後現代文化對政治問題的自我覺悟、自相矛盾、自行否定，實際上呈現了一個埃舍爾（Esher）式的「怪圈」。因為，你越想說明後現代主義是什麼，便越會發現你其實在說明它不是什麼。後現代文化不是單靠定義就可以把握的，必須把握其與現實生活的關係。

秩序與無序，清晰與模糊、恒常與無常，一方面高度規範化（道德法律舖天蓋地），另一方面工業社會生活的快速節奏、商業競爭的冷酷無情和勝負難料，造就冷靜、理智、精明以及孤獨、空虛、迷惘的矛盾心境，導致後現代敏感的藝術家最終關注的是人們習以為常的生活方式中的非自然、無規律的事物和現象。

而當代大量生產技術能準確無誤地複製文字、圖畫和音樂，已引出大量可供消費的符號（Signs）和象徵品（Symbols），再想以文藝復興為基礎的「藝術是獨一無二的」這一思想來對待這個正在爆炸的領域，顯然是徒勞的，大眾傳播媒介被廣為接受，於是便出現後現代「通俗的、短暫的，可消費的、便宜的、大批生產的，年輕的、機智詼諧的、性感的、詭秘狡詐的、有刺激性的和冒險的等非藝術甚至反藝術的藝術。」

地心說使上帝從中心滾向X，而日心說又使地球中心滾向X；尼采宣布上帝死了，後現代進而宣布主體死亡，主體的隱遁和消解，又使「意義」（可解性與功能性）受到了極大的懷疑，傳統藝術理論家總以為一件藝術品如果沒有一種明確的意義就一定是因為有多種意義，把邏輯強加給藝術，認為

只有可以被確定、分析、歸類、利用的東西才有意義，只有
有意義的藝術品才有價值。而後現代在重估價值之後，否棄
了這一點，取而代之的是邊緣性意識（一種與主流文化唱對
台戲的邊緣文化）。一種被壓抑著的聲音透過戲擬、偽裝、反
諷、嘲弄、反思的手法對主流文化進行挑戰。這在西方是有
源遠流長的傳統，從蘇格拉底時代到今天，一直存在著兩種
對立互補消長的文化，一方面是建構性的，一方面則是解構
性的，一方面追求絕對理念、永恒真理，一方面反對本質，
批判理性，後現代就是從這一不絕如縷的邊緣性、否定性、
懷疑性的聲音中積聚成當代叛逆性的雷響。反認識論、反基
礎主義、反智性、反嚴肅、關注話語、取消哲學這一文化特
徵，在後現代主義藝術中都有直接或間接的表現。

　　上述我們從後現代主義不是什麼或反「什麼」的否定性
中漸漸看出後現代的面目,後現代剪斷了現代的臍帶之後,它
就不是現代的。

　　1968年，對於現代主義來說是很嚴酷的一年。現代藝術
的一度輝煌的令人樂觀的種種實驗──自從印象主義大膽
涉足光學，藝術開始分享科學的方法和邏輯，出現了利用愛
因斯坦相對論的立體派，具有工業技術效果的構成主義、未
來主義、風格派，以及達達主義分子的圖解方式；運用佛洛
依德夢境世界理論的超現實主義形象和受其精神分析過程影
響的抽象表現主義，都試圖運用理性的技巧來駕馭非理性的
事物───一下子土崩瓦解，極簡主義作為現代藝術的最後一
種風格為現代藝術劃上了句號。美國阿瑟・丹托（A.C. Danto）

指出「最近的藝術產品的一個特徵就是關於藝術作品的理論接近無窮，而作品的客體接近於零，結果在終點存在著純粹形態的理論。那麼我們就可以說，藝術快要終結了。」

藝術家一度無所適從，彷徨、空虛、痛苦、困惑。然而在藝術家的集體潛意識裡的反思正孕育著後現代的誕生，預示著一個新的轉機，七十年代中後期，在德、義、美藝壇的邊緣地帶，一種新的藝術開始徘徊，繼而在八十年代有德、義率先取得決定性的勝利。這些新繪畫立即在各個國度蔓延開來。如德國新表現主義、義大利超前衛、法國新自由形象、英國新精神，以及美國新意象、新表現、新具象、塗鴉藝術、圖案與裝飾等等，不一而足。他們的代表人物在德國有巴塞利茲(Geory Baselitz)、呂佩爾茨(Lupertc)、里希特(Gerhard Richter)、彭克(Penck)、波爾克(Polke)、基弗(Kiefer)；在義大利有基亞 (Sandro Chia)、庫奇 (Enzo Cucchi)、克萊門特(Francesco Clemente)、馬利亞(Nicola De Maria)；美國有施納貝爾 (Schnabll)、薩利 (Salle)、羅森堡 (Rothenberg)、哈林 (Haring)、巴斯奎厄特 (Basquiat)、莎爾夫 (Sharf)，他們不約而同地衝破現代主義的藩籬，認同並汲取被現代主義否定、拋棄的傳統文化，並把觸角伸向大眾、民間的通俗文化，試圖運用綜合媒介反映時代精神恢復人道主義文化價值，從而超越現代主義，由此而被理論界冠之以後現代主義。

一、中心的消解與意義的互文性

後現代主義與現代主義者不同，他們似乎接受了一個由隨意性、偶然性和破碎性支配著的世界。一條與對世界的這種看法相一致的基本構成原則，是「離開中心」原則，許多同等的意識中心，不同的話語語境，不連貫的情節拼嵌，散點透視，使後現代區別於現代的只有一個意識中心、只有一種主要的聚集手段，一個視點和一個主要敘述者。

1924年德・契里柯（Giorgiode Chirico）爲保羅・艾呂雅（Poul Eluard）繪製了《不安的繆斯》這件畫作的複製品。受到了安德列・布列東的嚴厲指責。這到底是一種令人難以容忍的「概念」的表現方式，還是一種玩世不恭的，受金錢驅使的處世行爲，抑或是兼而有之？人們嗤之以鼻，安迪・沃霍爾（Andy Warhol）卻在半個世紀後對此舉大爲讚賞。他以爲這是前輩大師在否定藝術家充當創造者的角色，而創造者的角色正是現代藝術家你方唱罷我登台所扮演的角色，幾天就出現一個群體，一個流派，說明所謂的藝術創造已到了不擇手段無奇不有的地步。他們以高揚主體性爲旗幟，以自我意識爲中心，不斷表現自我。形形色色的創造物，充斥藝壇，令人目眩，而沃霍爾所主張的恰是主體的隱遁、中心的消解或稱作藝術家的「缺席」，後現代後設的虛構方式消解了個體中心，最本質的東西不在你身上也不在我身上，而在你我之間的交互作用或一個被分割了的人或物身上，這裡造成

一種空白，在誘導觀衆進入畫面時，讓作品帶來感覺的延伸，
這就是所謂的「消費」；且看，沃霍爾的遊戲法則，他的「二
手繪畫」將難以數計的消費商品，以原型學生的手法打散了
重合而達到異乎尋常的配合，創造出特定的文化圖像，瑪麗
蓮夢露、可樂瓶、康貝爾湯罐頭在並置中隱去本身的所指，
「繪畫實際上吸收著被畫的對象直到它徹底消失爲止」。

　　沃霍爾不斷地援引、運用和修改消費世界中閃光的神
話，這些神話吸引人們而不使他們困惑。在攝影術富於魅力
的表面下，這些神話表白其自身，原型與複製品互代，工業
文明中那被壓抑的欲望，潛藏的焦慮，以及白日夢和對人間
樂園的渴望，都在他繪畫隱喻中獲得渲洩和實現。

　　從沃霍爾的作品中，我們看到了中心的消弭，畫面的每
一處以等值的面貌出現，個性消失了，每幅畫的罅隙中，由
於同構中的差異而彌漫著當代的神話色彩，觀衆的視覺被導
入美國當代文化圖景作愜意的奢侈呼吸，饕餮圖像分泌出的
剩餘價値和意義。

　　透視中心從視平線上游移作波希米亞式的飄流滿足了一
種自由的渴望，對傳統的反映論模式是一種超越，對事物三
度空間幻象也是一種嘲弄，時間的因子被植入二個向度的平
面，而主體的缺席則恰是爲了把觀衆——視覺的接受者，推
向了前台並改變了觀衆往日的視覺方式，以一種前所未有的
視覺感受參與到畫家的未完成式的體驗流程。一元論的模式
被多元論取而代之。

　　另一位美國普普藝術畫家拉里·蒲恩斯 (Larry Poons)，

他的作品側重於外觀區域，它們強調區域間的連續性，而並
不突出中心。在這一點上他與波洛克相似，只不過波洛克側
重單元間的線性重覆，蒲恩斯畫面則爲色彩性重覆，而消解
中心的作用是一致的。

　　衆所周知的德國藝術家葛恩特・烏克（Gunlter Uecker）
的《釘子浮雕》，運用一種旋渦形的排列產生一種視覺的對位
與復調，柔和的影子是剛勁的鐵釘被神秘地融和在視幻迷惑
中，釘子的物性消失於內，同時作品的中心也失落於外。

　　後現代繪畫文本中的「空白」提供給觀衆懸而未決的可
聯繫性，本文視點在游移不定中轉變著每一後繼與前任主題
的位置，在過程中一步步進入新的審美視野，在視點的參照
域獲得意義的互文性。解構主義語言學家德希達（Jacques
Derrida）曾對語言學鼻祖索緒爾「語言的價值產生自差異」
的論斷，作出頗具後現代意味的解釋：「差異必然包含把出
場與不出場焊接在一起。本文之外沒有任何東西。而只有補
充的和替代的意指作用，它們只能在不同的參考鏈索中湧現
出來，只在從一個痕跡和補充的援引中，才增加眞正的意外
發生和存在，如此等等以至無窮。」

　　意義的互文性可以從差異中尋覓，它令人聯想到文學中
的通感和隱喻，視聽觸嗅味，同時作用觀感、融會貫通，以
視覺爲中心，視覺一統天下的地位遭到動搖，大概在繪畫史
上，竭力畫出觸覺質感的畫家不是沒有，雕塑家琢磨光影的
先例也早已存在，可是像丹尼斯・奧本海姆（Dennis Oppen-
heim）「替身表演作品」這麼稀奇古怪的作品卻是前無古人

的，他的《大調主旋律》創造出一個受繩子控制的怪里怪氣
的機械玩偶。這個玩偶在一個圓柱形的平台上非常笨拙而又
無休無止地表演著老套的歌舞節目，它口中還唱到「它不是
你創造的結果而是促使你創造的動力」，這不是歌聲而是驚
世駭俗的理論，是對現代主義以神聖的造物主自居的有力抨
擊。藝術家不再是創造者，藝術品也不再是創造的結果，而
是批評家和不在場的表演者，它引導觀衆創造。聲音與雕塑
的互文，在與奧本海姆的另一作件品中體現得更加明顯。《修
建地獄的企圖》中木偶人把它的金屬頭顱迅速不停地撞擊一
口大鐘，形成一種異常的刺耳的聲音，人物的受阻感、絕望
感是用圖像表示的，卻是以痛苦不堪的聲音瀰漫於空間的，
據奧本海姆說，聲音有固體的性質，既具雕塑性，又具空間
感。勞森伯（Rauschenberg）在現代藝術博物館展出的《共
鳴板》和鮑勃・惠特曼在猶太人博物館展出的《池塘》，也是
運用音響和光，爲引人注目的作品。

二、形態的複製與母題的模仿

　　重覆在詩歌中屢見不鮮，在敘事的話語中也同樣屢見不
鮮。一件事不僅可以發生而且可以再發生或重覆，這就如月
亮、太陽天天升起一樣稀鬆平常，但後現代藝術中的複製模
仿或重覆卻不出於反映現實的動機，而是機械複製時代的文
化特徵。

　　班雅明（Walter Benjamin）在《機械複製時代的藝術》

中描述了現代工業社會古典藝術走向終結，現代藝術走向費解的命運，並關注著新崛起的機械複製藝術的考察和分析，認爲當代藝術愈是投入可複製性，即愈不把原作放在中心地位，就愈是可以期待較大的作用。他著重從攝影、電影等新藝術門類切入，考究了機械複製藝術與有韻味的藝術（即傳統意義上的藝術）之區別，藝術如何從它的膜拜價值脫胎爲展示價值，從「美的藝術」脫胎爲「後審美藝術」，對藝術從凝神專注式的接受脫胎爲消遣性接受。

從古希臘的鑄造和製模，到19世紀的石印術，再到照相攝影，藝術是獨一無二的觀念逐步動搖，最後被釜底抽薪。

藝術的獨一無二性是植根於神學，它滿足了人們的頂禮膜拜的願望，而現代工業社會要求藝術具有展示價值，要求滿足一種文化快餐式的即時消遣性。

班雅明的理論具有預言性。1924年契里柯繪製的《不安的繆斯》被認爲是一種墮落；爲了貶低關於原作的唯一性和不可模仿性這一觀點，沃霍爾在1985年來到了紐約57大街，舉辦了「沃霍爾對契里柯」的展覽，把沃霍爾的作品與他所借鑒的契里柯的原作放在了一起。對沃霍爾來說，機械性再生產是他的主題，他通常將套色不準像版畫一樣的色彩樣片，放在絲絹網牆紙圖案重覆符號上面，以期待得到滿意的效果。他的每件作品都濃縮著一次重覆的人生，向人們展示著自身個性特徵的普遍喪失。他的另一件作品是康貝爾湯罐頭。當一個來訪者問他爲什麼要畫這個湯罐頭，沃霍爾是這樣答覆的：「因爲我經常喝湯，我想大概有二十年了，我每

天吃同樣的午餐就這樣一次又一次重覆。有人說我的生活支配著我，我同意這個說法。我曾想住在渥德爾夫塔裡面，只喝湯和吃三明治……」。

　　重覆別人與重覆自己一樣在後現代作品中屢屢可見，模仿大師在歷代繪畫中曾有存在，比如梵谷模仿米勒，培根（Francis Bacon）模仿委拉斯奎茲（Velazguez）。可是達達主義代表人物杜象在對達文西《蒙娜麗莎》的模仿中則純屬戲擬（或諧擬）。這一戲擬手法到了後現代簡直變本加厲。

　　後期畢卡索在五十年代把庫爾貝（Courbet）的《沉睡的少女們》改成精細的西班牙式的網織圖形，將德拉克洛瓦的後宮女郎改成仙人掌和柵格形狀，將委拉斯奎茲一宮娥改成平頂鑲板裝飾的狂亂拼湊物，把《馬奈的午餐》改成狂亂的裝飾拱廊。畢卡索的戲擬使他成了一個多能的普普畫家和圖案畫家。

　　格哈德・里希特（Gerhard Richter）是德國最重要的畫家之一。他曾用提香（Titian）的一幅名畫《受胎告知》創作出這一母題的變體，這一變體為他全部的藝術綱領提供了具體的例證。

　　七十年代，戲擬的母題已從前輩大師的作品轉而對彆腳而拙劣的動畫片的因襲，電視節目的繁瑣，大眾媒介的陳腐，缺乏創新的商業題材，通常是最豐富的母題。

　　里奇登斯坦（Roy Lichtenstein）最初的取材與沃霍爾一樣是連環漫畫，所不同的是他對這些原材料作了特別講究的加工和精緻的修潤，而沃霍爾則在肖像絲網印刷中故意做得

很粗糙。

里奇登斯坦注重的是形式，這一點使他的作品區別於他的母題——連環漫畫只有形狀。他很注重風格，並癡迷症般地去捕捉繪畫中一些不朽的東西，他還熱衷於作品的環境佈置功能，使這位成功的普普藝術家更加貼近生活。

三、物體的間離與現象的還原

間離方法即「陌生化」效果 (Verfvemdungseffekt)，是布萊希特(Bertolt Brecht)戲劇理論的一個十分重要的概念。布萊希特說：「把一個事件或一個人物性格陌生化，首先意味著簡單地剝去這一事件或人物性格中理所當然的，衆所周知和顯而易見的東西，從而製造出對它的驚愕和新奇感。」

如果說杜象將小便池搬進博物館是一種間離，那麼沃霍爾將湯罐頭疊成金字塔也是一種間離，儘管前者是出於對傳統的藐視，而後者則似乎在印證他的「萬物皆美」的格言。

但同樣地令人驚詫，也許這裡還暗藏了藝術家打破世俗生活與藝術之間障礙的動機。

藝術家揭示的這個世界在物性的對象身上就有，它不讓人見雲就想雨，它讓人想到自己，它是照耀自己的光，藝術家在此創造了一個「準自為」的物。物的功用性正被拋到九霄雲外。而藝術也從被人頂禮膜拜的神聖殿堂或牆壁上走入世俗生活。

在六十年代，幾乎所有的藝術家在他們的作品中的某一

點上以各種方式認可著杜象。

　　1995年1月，在伊根美術館的一次展覽會上，勞申堡推薦了他所謂的「結合繪畫」，他親自把物體結合到畫布結構中，創造出一種特殊的間離效果，最壯觀的是他1959年創作的《組合畫》，他將一個剝製的公羊，套進了汽車輪胎裡，還包括了一個繪畫和拼貼的底盤。

　　克拉斯‧奧登伯格 (Claes Oldenburg) 這位美國藝術家，更是別出心裁地以一種奇異的形式將日常生活物品處理成現代生活中的變態新奇的東西——《衣夾》、《泰迪熊》、《失落的帽子》以及《替代波卡迪利廣場埃若斯噴泉的大唇膏》等等。

　　上述藝術家似乎在實踐這樣一個信念，物體存在著，作品就是一個物，你所看見的就是作品所有的，它拒絕釋義，它就是現象，現象後面沒有東西，在 (being) 就是在。

　　這樣看來，後現代藝術家著實想迴避觀衆傳統的接受方式，它要求中止判斷、懸擱意念、澄懷味象，用卡爾‧安德列 (Carl Andre) 的話說：「你必須使你的頭腦先枯竭。一個人徹底消除自己的負擔，孕育著陰影藝術和晦暗藝術的文化超負擔，這是藝術家的天職。」

　　誠如「圖案與裝飾」的代表人物庫什納 (Kushner) 所解釋的「圖案與裝飾」的藝術特點：首先，應當是二個向度的，而不應力圖去創造幻像；其次，它應該感情奔放而不應該含蓄內向；第三，各種圖案應合成相互聯繫的一體；第四，繪畫的主題或意義應當次於它的視覺效果。

看來「圖案與裝飾」所關注的也不是超越，而是此時此地的真實，它使當代藝術再度征服了由於觀念的原因而被前衛藝術所否定了的藝術領域。

四、媒介的綜合與技法的混血

媒介的綜合運用是後現代畫家用以承載其複雜矛盾心態的一種手段，尤其是六十年代末、七十年代初藝術的實驗期，在繪畫被宣布死亡的一段時期裡。人們反對傳統繪畫的主題和方法，甚至詛咒和禁止畫家用顏料在畫布上作畫，理論界也發出藝術終結的驚呼。出現了德國的「激浪派」、意大利的「貧乏藝術」、英國的「事件藝術」、美國的「環境藝術」和「偶發藝術」，繪畫呈現多元化取向，從而走出死胡同，「山窮水盡疑無路，柳暗花明又一村」，彷彿只有多媒介的載體才能充分表達後現代藝術家的理念。他們無拘無束地向傳統借鏡，索取一切可以利用的技法，可謂不擇手段，德國的基弗是一個典型，他常常在畫面上同時並用油畫顏料、丙稀、乳膠、沙子、瀝青、紫膠、稻草等多種不同材料，從而在畫面上造成既豐富又獨特的視覺效果。

後現代藝術家對媒體的綜合運用，其直接效果就是媒體的「物性」得以強調，媒體在以前「得意忘形」的審美方式中，只起到鋪墊的能指作用必須被忘卻。而後現代在能指與所指之間的鉸鏈已被拆開，卸了下來，沒有任何先於話語的「先驗所指」，媒體走上了前台，扮演著本然的角色。藝術家

退位於一邊成了旁觀者，不同材料的質地肌理、光澤、色彩等樸素的感官感覺性特徵得到維護，在切合物性的條件下延展諸如輕重、軟硬、鈍利、剛柔、張馳、恬躁、晦明、揚滯、緩疾、虛實等特徵。隨機性、偶發性、被動性得以強調。除了基弗以外，勞申伯的「組合繪畫」，奧本海姆的「替身表演」，伊娃·赫斯（Era. Hesse）的「抽象通貨膨脹」，威廉·韋格曼（Willisa Wegman）的「後極少主義」，大衛·薩利（David salle）的「異質混成」，都不同程度地意味著藝術家的「缺席」，他們用「空白狀態」——空虛的頭腦、空洞的歷史——來反對觀念主義在邏輯上的僵化。消除自己腦海中的觀念，賦予物以創造性，任憑其自身的偶發與隨機中激起觀眾的觀感，所以說「它不是創造的結果而是創造的動力」，這句奧本海姆作品中玩偶的歌詞是驚世駭俗的理論。

與媒材的綜合相呼應的，自然是技法的混血。

比如克萊門特這位超前衛畫家中最複雜的一位，在技法上是避免結構清晰性，在明白無誤的三度和二度空間裡持久不斷地變幻著特色。有著視錯覺的效果，自然主義因素與裝飾因素，通俗與嚴肅的因素在一起出現，二度空間的結構與構圖的錯覺風格相互交替，神秘的過去與現在相遇，是典型的技法混血風格。他的代表作有《我的家》。

此外，像隱喻、反諷、漫畫、嘲弄、矯飾、圖案、超級寫實等手法，也交替出現於後現代畫家的作品中。

到了80年代，義大利年輕藝術家們，對宣稱繪畫已經死亡的老一代提出了反抗，在技法上他們開始復興壁畫、油畫、

水彩、素描、鑲嵌畫、石雕與青銅雕塑的傳統技術。繪畫這一媒體又成了四十年代後出生的藝術家們自由藝術衝動的最佳手段。這種藝術使藝術家建立起主觀與客觀的直接聯繫，作畫的實際動作，哪怕運筆方式都表達了他要立刻實現一種思想，賦予一個意象形狀的自發慾望，因而能表達出藝術家的感覺過程。繪畫在經歷技法的混血階段後，開始轉世，當然它已呈現出了不同以往的新鮮風貌。

五、生命的尷尬與話語的兩可

存在主義把人定義為不安的存在，是世界的縫罅，人面對世界而感到荒謬，而荒謬意味著日常生活中不合理和矛盾，產生於人的企圖和面對的現實，他的實際力量與目標之間的不對稱，在與世界的遭遇中價值的淪喪和意義的失落，人生的大前提是死亡，死亡等待著每一個人，構成人的本體的是「憂慮」。人與生命的疏離感，人與世界的陌生感，人與故土家園的放逐感，就好像演員與舞台隔離一樣的荒謬。這是一種面臨選擇時的迷亂、臨界處境中的戰慄。

卡繆面對荒謬選擇了正視荒謬而使人生有意義和幸福的態度，他的《薛西弗斯的神話》可謂一部幸福手冊。

後現代藝術家所面臨的也是人的荒謬和生命的極度尷尬。吉姆·萊文（Kim Levin）在所著〈突發紛呈與雜亂無序〉一文（發表於《藝術雜誌》），描述了八十年代現實世界對藝術的影響。

他說：「一個新年代的開端不必伴隨一次感受的突變，但在1980年確實發生了這種突變。理性分析的形式主義的感受被拋棄，而種種神秘的新歷史主義、原始主義、表現主義則荒謬地被接受了下來。」

現實世界中，這個年代是一連串事件的陰影籠罩下開始的，這件事可被視爲對現代人傲慢自大的一個警告。比如「三哩島」幾乎溶化，太空實驗室從空中墜落。然而科技事故並非唯一的訊號和不祥之兆。伊朗發生人質危機，不久又發展爲對於現代性的強烈反抗。熱衷於搞迷信崇拜的人，極端主義者、恐怖主義分子的活動開始抬頭；……烏托邦式的未來已經消失。理性正在衰落，現代的觀念處於守勢狀態。」

面對這樣的現實，後現代藝術家沒有樂觀主義的風度，他們試圖以退場的方式使作品保持一種中立、緘默，或者以戲謔的方式誇張，凸顯荒誕的一面，形式和意象經常毫無意義，不可言傳。話語的兩可拒絕著各種幼稚的釋義。

然而，藝術家的中立化及調侃戲謔的表象遮掩不住一些作品中悲愴的主題，比如約瑟夫‧博依于斯（Joseph Beuys）童年的記憶，戰爭的經歷都在潛意識中流露出來。

這位納粹前德國空軍飛行員在四十年代戰後有了成爲藝術家的強烈衝動，他把整個一生的藝術過程稱作治療過程，其目的在於揭示社會的創傷以引起療救的注意。

看他的作品，展示過去遺留的恐怖，製造出受難與死亡的形象——野兔的心臟及頭蓋骨、秒表、一把紮著緞帶的刀、一對膝蓋骨相互交疊——他在努力洗刷過去。一種負罪感和

救贖意識瀰漫在作品周圍，他的作品中隱藏著無人敢講的故事。還有他的油脂、帽子、浴盆等等包含有神秘的色彩、隱含的意義及模擬歷史的政治象徵主義。

六、生活的介入與藝術的普泛

如果說杜象在本世紀初曾宣稱世界上最平常的物件可以成爲藝術，那麼博伊于斯則堅持認爲藝術也可以是世界上最平常的生活行動。

從後現代之父杜象到後現代代表者博依于斯都在致力於打破藝術與生活的界限。

藝術從獨一無二的至尊寶座跌落下來，生活介入藝術是「萬物皆美」的美學格言在後現代的回響，從羅丹開始人們就認爲美到處存在，關鍵在於發現；路德說：「惡存在於想到它的人」，這句話反過來可以適合於當代美學，美也存在於想到它的人。而愛美之心人皆有之。從生活介入藝術到藝術普泛化爲生活，在當代有數不勝數的例子。

約瑟夫・博依于斯煞有介事地把自己於1986年1月23日的因心臟病去世當作他最後一件作品，難道不是一件絕妙的生活藝術嗎？

喬納森・博羅夫斯基（Jonathan Borofsky）用「匿名身份證」的數字來代替畫家的署名。給他的每件作品署上1——直到2764831，以至無窮。它是在否定畫家的天才，認爲畫家不是稀有的現代鳥，而是普通人。

　　1980年夏初，美國舉辦了一個別開生面的《時報廣場藝術展》，一百多位藝術家在時報廣場一家廢棄的按摩院將四層建築結構內部空間佈置得天花亂墜，漆黑的貯藏室、樓梯、盥洗間、壁櫥到處都是藝術，天花板、電話線、電源開關、小便池，以及各個古怪的角落，都畫上了雜亂無章、生機勃勃的畫，一些業餘畫家在此大顯身手，他們大概是在證明藝術品已從博物館的聖殿走進了尋常生活，而且可以無所不在。

　　生活介入藝術的結果也帶來了尷尬。曾有這麼一件事，劇院的後台突然著火了，喜劇演員出來告訴觀眾，而觀眾認為這是個笑話，因此就鼓掌。他又重複了一下，而人們的歡呼聲更響了。這正應了龍樹菩薩的一句話：「如果說大火（話語）就是火（真實），那麼嘴巴就燒焦了」。

　　生活介入藝術或藝術普泛化為生活有一個重要的特點，就是觀眾不是傳統意義上被動的接受者而是參與者，觀眾的這一轉型，首先來自於藝術家的努力，藝術家不再以無所不知、全知全能型的面貌出神，神居於觀眾之上，而是由形而上的姿態轉型為形而下的姿態。藝術不再戴上崇高的面具，而是很平常的。

　　有一件裝置是這樣的，整個房間漆黑一團，有雷射光束像張開的琴弦，當水一滴一滴打在這無形的弦上，便熠燿閃光並發出脆響，置身這樣的空間、你已經不是與藝術保持一定的審美距離，而是被圍攏於一種神秘的氛圍，你的「超我」被趕走，而此時此地此情此景喚起的是你的「熱血意識」、和

「心跳思維」。你參與其間，設身處地，作品淹沒了你，那空間與時間構成的網籠罩著你，音樂與色彩構成的美直沁心脾。還有一位藝術家從一百位詩人身上抽取血樣公之於眾，大概是基於對藝術即熱血的認識。

有一位藝術家將平常之物打成包裹，四處郵寄，大概是想從世界的場所的疏離中找回那曾失落的。

在美國，超級寫實主義藝術家約翰·德·安德烈和杜安·漢森（Duane Hanson）的作品，以假亂真的表現意在試圖清除將藝術與生活隔開的障礙。他們的作品細緻入微，難辨真假——皮膚光滑、膚色逼真，飾之以真髮和睫毛、戴上眼鏡，並在適當時候給它穿上衣服。

博依于斯1979年在古根海姆博物館的開幕式上，精心策劃了一個多媒體的世界，燈光、麥克風、攝影機、觀眾排成螺旋上升的斜坡，不是在看藝術、而是看一位倖存者（博依于斯）從人流的漩渦中出場，他瘦骨嶙峋、頰骨深陷。這位戰時深受創傷的飛行員曾被擊落於雪地裡，瀕臨死亡。韃靼人用油脂和毛氈為他取暖。他把自己的藝術當作生活的延續物，以轉變成藝術的痛苦經歷和對整體生命的肯定。他的演說使他成了出色的宣傳家。觀眾因之被捲入特殊生活的漩渦。

電影是機械複製時代的藝術，電視則在後工業社會普及，對電影觀眾只有兩種態度：去或留，而對電視人們則可以隨心所欲地換頻道，觀眾在接受藝術家的蒙太奇時，也組接著自己的蒙太奇，而且由於其短暫性、一次消費性、隨意

性而頗具後現代意味。電視換頻道是藝術普泛爲生活的一個
標誌，卡拉OK、歌舞娛樂、迪士尼，也都爲人們進入藝術創
造了環境，當人們從肯德基、麥當勞出來的時候，也許會立
即捲入後現代文化快餐的流程。

七、功能的否棄與審美的懷疑

　　後現代社會普遍存在的商品化、物化、大衆文化膨脹、
制度化操縱，引起了主體的失落於外與封閉於內，主體間關
係的內在性意味著應當超越封閉的我，從主體走向主體間；
而主體間關係的外在性要求避免因關係而消解自我。

　　人處於複雜的矛盾、衝突之中。這種失落與封閉直接併
發了懷疑精神，一種悖論思維方式契入功能世界。藝術要求
本眞世界的回歸。

　　於是出現了多重含義的遊戲，把客體脫去根柢，使人忘
卻它的功用，透過它，使眞理亮出來，以致物象不是由於它
的有用性而束縛於世界，而是由於更深刻的親在關係。

　　美國南加利福尼亞的物質世界奇妙異常，撲朔迷離，在
這片可見的世界中充滿了騙局，視覺本身就是一種欺騙，這
裡的藝術家所努力追求的是非本眞視覺的一種解構——交
叉的天際，大塊的煙霧，方形的大氣，光芒四射的空間，這
一切意象意味著常規視界中的功能感覺撤退，而是一種嶄新
的視覺方式的亮相。

　　1975年麥克‧阿瑟（Michael Asher）以強烈的懷疑精神

和激烈破壞的方式，創造出鐘塔上的「變化空間」，使紐約略
見加利見福尼亞的非物質性、非功能性的新奇風景，他撤除
了樓塔和迴廊側窗及天窗，並把每個房間的東西拆卸一空，
使空間完全處於外光和自然氣候的支配下，暴露於光天化日
之下，當建築的物質功能被剝落到零度時，觀眾的程式化常
規視覺也得以徹底改觀。

　　1970年，美國及西歐人們對形形色色的具象繪畫（re-
presentational painting）重新發生興趣。

　　格奧爾格‧巴塞利茲（Georg Baselitz）的作品促進了向
具象繪畫的回歸。巴塞利茲決意將其母題顛倒著畫，他的首
要目標就是與傳統的視覺方式決裂，防止先入之見的影響，
他的作品有一種內在的張力，這得歸功於他筆觸的粗放
———一種粗礦的美———使得作品有一種嚴格的自律，而中止
任何外在功能性的注釋。用巴塞利茲自己的話說就是「這些
畫擺脫了繪畫首先是繪畫的思想環境。它不是一個自動過程
的產物，而是由顛倒母題中各部分的網狀結構來控制的，繪
畫是除它本身以外與其他事物毫無聯繫的一個獨立的，受制
的感覺實體，所以我們必須將它看作世界的一部分，而不是
有關世界的文本或評論。」

　　著名藝術史家厄恩斯特‧岡布里奇（E.H. Gombrich）在
《藝術與幻覺》一書中將巴柏（K. Popper）的證偽理論演繹
為藝術總是原型與匹配的過程的理論。

　　賈克梅地（Giacometti Alberto）的繪畫，實踐著這一理
論，他迫使自己把許多觀念拋開，他尋求一種沒有先見之明

的情況下，面對物體的遭遇，他畫了抹去重新又畫，反反覆覆以至無窮，他的懷疑導致它永遠也把握不住物象的眞實，它研究的是我與對象之間的空間關係——永遠的謎，永遠的未完成狀態。

阿里戞（Arigder Arikha）也是別具一格，他的具象畫的母題平淡無常，他反覆地追問這些平常之物（一把湯勺、一個提包、一件大衣、一本書）的存在。常以懷疑的口吻質詢「我在畫這個東西嗎？」

他一氣呵成，構圖中的物常常溢出畫表，充滿著畫外的誘惑和畫外的期待。

懷疑是阿里戞繪畫精神的實質，他說：「因爲首先有懷疑，我會問，我所看到的是不是這樣？從我們開始看的那一刻起，我們就有懷疑，而這些懷疑就是一幅畫的根源。我相信，所有的畫家——我說的是眞正的畫家，都不可能沒有懷疑，否則就很可怕了，這就是眞假畫家之間的區別。」

阿里戞所懷疑的正是物象的功能性，他在揚棄了這些物象的表象之後，即時追蹤物的現象學存在，抓住心物本眞地相遇的一刹那注入畫面，在畫面上建構起馬丁・布伯所謂的「我—你」的親在結構，以第二人稱稱謂物象，以敬畏之情籲請物象，在架上的畫布中作永遠的棲居。

英國著名藝術史家赫伯特・里德曾對一百年來的藝術有過這樣的敍述：「一個新的派別往往以驚人的爆發力量興起，其行動之迅速使得藝術史家來不及仔細觀察，也無法闡明這樣的運動。但當這個派別一旦獲得成就，衰微之感便隨

之而來。」

　　後現代主義不是一個派別，而是一個紛繁蕪雜的大雜
燴，是隨著後工業社會興起的文化變革和社會思潮；後現代
主義是一個十分寬泛的文化概念，它涉及建築、雕塑、繪畫、
電影、戲劇、文學等各個藝術領域，光是繪畫就有不同國度
不同時期的繁多派別，要在短短的一篇萬字文中涵蓋它的多
元走向，使我們感到束手無策。我們只能從中概括其主要的
七個特點作「管中窺豹，略見一斑」的評述。

參考書目

1.克勞斯‧霍內夫,《當代藝術》,李宏、滕衛東譯,江蘇美術出版社

2.吉姆‧萊文,《超越現代主義》,常寧生等譯,江蘇美術出版社

3.羅伯特‧休斯,《新藝術的震撼》,劉萍君、汪青、張禾譯,上海人民美術出版社

4.赫伯特‧曼紐什,《懷疑論美學》,古城里譯,遼寧人民出版社

5.佛克馬、伯頓斯編,《走向後現代主義》,王寧等譯,北京大學出版社

6.H‧H‧阿納森,《現代西方藝術史》,鄒德儂、巴竹師、劉珽譯,天津人民美術出版社

7.弗萊德‧R‧多爾邁,《主體性的黃昏》,萬俊人、朱國鈞、吳海針譯,上海人民出版社

8.W‧本雅明,《機械複製時代的藝術》,三才勇譯,浙江攝影出版社

第七章

後現代政治

　　政治，是國家統治、政府權力、社會階級關係等等概念的代名詞。「後現代政治」(postmodern politics)一詞則是指政治發展的一種形式，而非一種政治模式，塞繆爾・杭廷頓(Samuel P. Huntington)在《變動社會中的政治秩序》一書的「序言」中一開始就指出，「本書書名中的『政治秩序』一詞，只是一種目標而不是現實」。如果我們把「後現代主義」定義爲是多元論、差異、非模式化等等，那麼，就世界範圍的政治而言則是最具有差異性的，各國之間政府的組織程度是有著高低不同區別的，有的國家政治擁有一致性、組織性、合法性、高效率與穩定的特點，而另一些國家的政治則不然。然而，從某一國家的政治來說，哪怕再無能、再軟弱的政府，其政治也是不可能輕易地放棄統一性的。這就是說，儘管後現代主義否定大部分現代主義的傳統，與正統理論相悖，但後現代政治是當今政治發展的一個理論上的目標。

　　這裡，我們還要將「後現代政治」與「後現代的政治學」區分開來。後現代的政治學是指其在理論與方法上適合於後現代主義某些特徵的政治學說。例如，當今西方政治學中的

新保守主義等思想學派往往是屬於後現代的。而我們這裡所要闡述的後現代政治則僅僅從權力的維持與發展的角度而論的，它表明各國政治發展中各種政治要素的發展趨勢必將是多元化的，不同於傳統政治規範的。

還要說明的是，政治是一個廣泛的範疇，它既是一個地區權力的形成、行使和發展，又可以是一個國家的或世界的政治。為了讓讀者能清楚地了解後現代政治，筆者將從世界政治角度，或者說是從一般的政治概念入手來闡述後現代政治，而非從現實著手把事實納入後現代主義的範式中。

一、現代政治的特點

現代政治可以從1640年，英國資產階級革命之後算起。這之後的一個時期也正是哲學上經歷的機械論時期。資產階級政府強調的雖是解放人性、使人獲得法律面前的平等權利，把人的最終解放作為目的的，但是，其政治行為似乎與這個目的相悖；它所鼓勵的是中央集權。例如，18世紀的美國憲法，確立的就是高度的中央集權，以反對原來鬆散的反中央集權條款。

之所以現代政治是集權化的，主要原因在於資本主義經濟的發展造成了國內供應與需求之間的矛盾，高效率的生產與低收入的大眾生活不相適應，資本原始積累速度過快，以致資本的發展要求向外擴展，各國政府盲目地不惜一切代價地增加國民生產總值，標準化、專業化成了工業化的基本準

則。以致在這樣的情況下，教會與封建統治者再也無力應付了。於是，所有工業化國家便形成了中央集權化的統治。阿爾溫·托夫勒（Alvin Toffler）認為，所有的複雜社會都需要一種集權和分權兩者相混合的統治。但是，從地方自給自足的基本上非集中的第一波經濟改變成第二波的全國性綜合經濟，導致了完全嶄新的集權管理方式。

由於資本輸出的必要，商業利益集團則極力主張建立一個強大的中央集權政府。這不僅是由於軍事和外交政策的原因，而且也是發展經濟實力的需要。因此，工業化的發展使政府集中了大量的權力和義務，越來越多的事務都必須經由中央政府作出決策。不僅西方社會是如此，而且在馬克思主義的國家裡也同樣形成了中央集權化的政府。

中央集權化的政治使得統治者個人擁有無比巨大的權力，總統、主席成了權力的核心。這就加速了政治的官僚主義化進程。國王、軍事首領、總統、主席成了人們頂禮膜拜的神聖者。一切政治權力與行政過程都必須由這個特殊的個人所允許，一切政治決策都必須服從這個特殊個人的意旨。

正因為權力的過度集中，也就蘊釀著中央集權體制經過短暫穩定之後發生的轉變。因為，官僚政治的興起產生了一些龐大而又僵化的擁有最高權力的機構，驅使個人陷入了碩大無比的組織，在其中徬徨徘徊，如同玻璃窗子上的蒼蠅無路可尋，壓力重重。隨著工業化的進一步發展，就進入了權力的轉移過程。從而，在政治領域出現了一場變革的革命。

這場革命的動力是政治的科學化，即科學與政治的結

合，從而使技術決策所起的作用日益增加。制定外交政策、
國防政策和經濟政策都要求重用專門的技術人才。就現代政
治的性質而論，外交政策不再是「外交」，而是必須迅速作出
重大決定的一系列無休止的戰略手段。因此，制訂政策的必
要性使行政機構掌握了主動權。這樣，總統的權力就不斷地
下放到了各個辦公室、辦公部門與新的參謀機構，總統個人
的權力與威望由此開始削減，行政部門的重要性則日益提
高。這就是權力的轉移，這種轉移導致了集團化政治的形成，
以致使現代政治受到衝擊，改變了現代政治的最為明顯的特
徵。

二、政治哲學的變革

　　第二次世界大戰前後的政治哲學是自由主義（liberal-
ism）和保守主義（consenatism）的論戰。自由主義主張，對
內限制經濟增長，並依靠政府的社會事業經費去解決貧民的
生活問題，提供最低生活費收入的保證，即增加最低工資並
且擴大它所包括的範圍，徵收累進稅，富人要交納較之窮人
更大的稅收百分比，使環境保護、社會事業得以增強和擴展。
甚至還有的自由主義者提倡「社會主義」。總之，自由主義政
治哲學強調增強政府權力、擴大政府對經濟的干預範圍和力
度。

　　而保守主義的政治哲學則從二次世界大戰中吸取教訓，
把兩次世界大戰看作是政府權力過寬的表現。保守主義者把

市場經濟的危機歸咎於國家任意干預經濟制度所造成的，
「社會主義」是「通向奴役之路」。他們懷疑國家調解的能力，
把國家看作只是一個獨立的官僚勢力，它的極權性質本身是
與自由相衝突的，任何強化國家作用的主張都是對「自由主
義」的否定。同時，國家強制性地進行收入的再分配與增加
消費，也只能導致妨礙社會進步的結果，經濟發展的關鍵在
於社會變革中的技術人員、工程師，經濟發展緩慢是沒有進
行技術革新、讓技術專家來開闢新天地的結果。

　　自由主義與保守主義的爭論，最終導致的是一個較折中
的後果。在這場爭論中出現的較爲折中的觀點是新制度學
派，其主要代表人 J. K. 加爾布雷思（J.K. Jalbraith）認爲，
從制度和結構的角度來分析，現代資本主義經濟不是一個單
一的模式，而是由「計劃體系」和「市場體系」兩部分組成
的「二元體系」。構成「計劃體系」的是爲數不多的大公司；
構成「市場體系」的是爲數衆多的小企業和小商販、農場主
等。這種計劃與市場的混合體系構成了權力的不平等，因爲
計劃體系中的生產單位有權控制自己的產品價格，而市場體
系中的生產單位則聽命於市場，並且還要受計劃體系中的生
產單位的支配和剝削。這種不平等是造成資本主義社會的一
切病症之源。

　　爲了改造這個社會，革除資本主義社會的弊端，就要解
決這種權力不平等現象。因此，現代資本主義國家的當務之
急是改變「二元體系」條件下的權力不平等，實行所謂的「權
力均等化」；政府干預的措施必須圍繞計劃體系和市場體系

的不同情況來制定。加爾布雷思還認爲，資產階級社會必須
重新探討「價值準則」，不應當爲了生產而生產，盲目地提高
社會生產力和經濟增長率，而是應當把社會各階層權力和地
位的平等作爲公共目標，資本主義社會必須有「信念上的解
放」，從傳統的凱恩斯主義的束縛下解脫出來，從貨幣主義的
陰影中走出來。

　　加爾布雷思的新制度學派的觀點有著重要的政治學意
義。它意味著傳統的政治哲學的爭論已經向多元論的政治思
維的轉變，這種轉變意味著政治的穩定普遍性與基本原則已
經不復存在，人們從此不希望看到原先的統一模式的存在。
加爾布雷思所解決的是一個方法論的問題。

　　杭廷頓也是一位政治新思維的政治學家。他的《變動社
會中的政治秩序》一書帶有很濃厚的後現代主義風格，具有
與丹尼爾‧貝爾 (D. Bell)《後工業社會的來臨》一樣，在社
會學界和政治學界具有同樣的影響力。杭廷頓明顯地把「現
代性」與「現代化」區分開來，認爲現代性產生的是穩定，
而現代化都會引起不穩定。這裡的現代化顯然是指現代性發
展的最前沿，就今天來說，或就七十年代後期來說，就可以
稱爲後現代的了。正如他在此書的「序言」中開篇所說的，
「政治秩序」只是一種目標，而不是現實。在描述這一目標
時，他首先認爲要有兩個前提：其一是社會動員，這意味著
人們與傳統社會有關的態度、價值觀念和期望發生轉變，其
二是經濟發展。杭廷頓認爲，政治的「現代化」大體上可以
歸納爲三個方面：第一，包含著權威的理性化，即由單一的、

世俗的、全國性的政治權威取代各種傳統的、宗教的、家族
的或種族的政治權威。第二,包含著新的政治功能的分化和
發展履行這些功能的專門化結構。各種專門職能部門,如法
律、軍事、行政等都要與政治領域相分離,這些部門的任務
應由自主的、專門化的下屬們去執行,科層組織變得更精密、
更複雜。第三,包含著全社會各階層廣泛地參與政治,公民
可以直接置身於各種政府事務中,並直接受其影響。「現代
化」國家與傳統國家的最大區別是:人民在大規模政治組織
中參與政治,以及受其影響的廣泛程度。

　　後現代政治是以這樣一種政治意識的變化為特徵的,這
種政治意識試圖超越現代主義,迎合多樣性、分歧、多元論,
贊成不連續的支離破碎、不穩定,拋棄長期堅持的一致性和
聯盟。

三、後現代世界政治

　　八十年代以來,世界政治風雲變幻,一些經濟較為落後
的國家其政治變動猶如春天的雲,世界政治呈現了不同於以
往的特點,特別是冷戰的結束,從根本上扭轉了世界政治僵
硬的兩極對立局面。主要特徵是:

　　第一,冷戰的結束,使世界政治從兩極對立走向多極分
化或無極狀態。冷戰結束後,蘇聯解體,它從統一的聯盟分
化為多國獨立局面。這一局面是多元的、市場化的。美俄關
係得到了調整,它所確立的是一種新關係。虎視眈眈的北極

熊形象已經發生了變化。蘇聯解體後的各個邦國則基本上立足於發展經濟、改善生活，伴隨經濟發展的是政治的社會動員。

世界政治多極性狀況的出現，是由於權力構型本身的不確定性。美國在目前從國力上看是一個無以比較的國家，但這並不意味著世界將是一極的霸權所主導。繼美國之後較為強大的國家還有日本、西歐的德國、東歐的俄國，以及英法等國。俄國仍是一個不確定的國家，它的軍事實力仍隨時可以成為美國的挑戰者。德國也是如此，威瑪共和國在當時是一個民主國家，然而，一夜之間卻成了二次世界大戰的發源地。由此可見，多極世界與不確定的世界政治是當前世界發展的主流。

第二，冷戰結束以後，和平與發展是全世界的共同呼聲。由於經濟發展已經成為本國事務的核心，所以，國與國之間開始建立起了相互依賴關係，由多國參加的國際組織的功能得以加強，保證各國獨立發展、主權完整的力量得到加強，全球兩大陣營在意識形態上的對立開始消退，除了環境和生態平衡、資源的合理使用問題需要加以協調之外，各國之間的發展明顯地呈現出自己的獨立性和特色。人們在其中已經感覺不到世界的「新秩序」，如果要說存在新秩序的話，那麼，我們只能說是一個大分化、大聯合的時代即將到來。

由於各國之間合作關係的不斷發展，軍備競賽已經失去其原有的主導地位，並正在喪失其工具價值，經濟力量的平衡已經勝過了軍事力量的平衡地位。因此，在政治學理論中，

後現代主義頻頻出現，特別是新自由制度學派，其主要思想
構成了後現代主義的世界政治理論。它提出了三個核心觀
點：

第一、國家之間互相合作、互相依賴的觀點。這一觀點
形成於七十年代，主要用於批判經典的現實主義政治學，特
別是批判國家是世界政治舞台上唯一的角色的觀點，而是主
張，世界政治是「全球社會」中各種相互依賴、相互作用的
因素之總和，國家只是國際大家庭中的一員、一個分子。在
相互依賴的前提下，國家安全並不占支配地位，對外政策不
是單一的防禦侵略、維護領土完整不受侵犯，而是多樣化的。

第二，建立國際體制、國際組織的觀點。新自由制度學
派認為，就世界政治而言，它是沒有任何中心的，是無政府
的，國家之間的合作關係雖然有序，但卻沒有一個政府可以
支配和領導其它國家。為了維持國家之間的交往，就只能形
成國際性組織，建立國際體制，形成大家約定的管理秩序的
規則。這就說明了國家之間的對話如同語言遊戲，這個遊戲
的任一參加者都是平等的，沒有什麼權威、誰服從誰的問題，
遊戲中的規則是大家約定俗成的。當然，國際組織在某種意
義上也具有約束力，特別是近一、二十年來，在銷毀和控制
核武器、裁軍等對世界和平與安全所起的作用是不可抹殺
的。

第三，世界霸權穩定性理論。新自由制度學派認為，其
霸權穩定性理論不同於政治現實主義，從性質上說是相反
的。政治現實主義認為，只要霸權地位一經確定，就可能被

濫用於剝削壓迫弱小民族，從而導致世界政治的不穩定性。
而新自由制度學派則認爲，獲得霸權的國家在軍事上用以維
持世界和平，在經濟上控制世界貿易、金融與投資，既利於
本國又利於他國，這是可能的。霸權穩定性理論反映了第二
次世界大戰之後世界霸主與世界穩定之間的關係，但這是一
個異想天開的虛構。在冷戰的時代，每個人都擔心著世界大
戰的爆發，霸主之間的軍備競賽占居主導地位，發達國家與
不發達國家都把很大部分財力物力投於軍事、國防。新自由
制度學派明顯地忽視了這一切。

在今天多變的世界政治風雲中，分析世界政治格局與預
見將來的變化，不可能只依賴於某一種觀點。人們必須承認
對待今天世界政治的分析，應該對各方都持寬容的態度。

四、政治體制的分析

政治體制包括權力、權力結構、政黨制度等。後現代政
治體制的顯著特徵是：權力的重新分配、權力的分散化，甚
至人們感覺到權力不斷在減弱，人民對權力機關採取冷漠和
疏遠的態度，政黨制度則基本上表現爲一黨居優或多個小黨
同時存在的狀況等等。

(一)世界政治權力的分散化

經過第一次、第二次世界大戰，世界權力在現代化的進
程中越益集中，美蘇兩個超級大國依據自己強大的軍事實力

把世界的政治權力集中起來，成爲世界資本主義和共產主義的兩大陣營的司令部。但是，戰後，東亞與太平洋地區的經濟實力增長速度驚人，阿拉伯地區則依賴於自己的石油資源而成了全球的暴發戶。世界經濟影響和文化影響的中心正在發生變化和轉移，以致世界權力結構開始發生動搖。

除了經濟實力的變化帶來世界權力結構的變化之外，還有兩個很重要的因素促使世界政治權力發生分化：

第一，是戰後世界上的武器分配情況大有改觀。核武競賽所帶來的不僅是美蘇核大國儲量的增加，還有一些發達國家和第三世界國家也紛紛研製成了核子武器，空間技術、電子技術也得到了迅速的發展，美蘇兩個超級大國的軍備競賽所產生的局面是一些弱小國家也擁有殺傷力很強的武器，敢於在大國面前「頂嘴」，而不再忍氣吞聲了。世界軍事力量的均衡化，必然會導致世界權力結構的分化。而軍事競賽卻如同遊戲一樣，不存在誰是權威、誰服從誰的問題，所形成的是公平的對話、約定的共同規則。

第二，是資源的利用與分配。集權化時代的資源是由個別強權國家所控制的；然而，隨著各國經濟力量、軍事力量的均衡化，一、二個超級大國控制資源的局面已經消失，所出現的是共同開發與利用。而另一些發達國家由於沒有資源的優勢，則透過其先進的科技使用一些別的資源，並大大降低其消耗量，從而使世界經濟力量從根本上重新分配，並直接地影響世界政治權力的分化。

㈡國內政治權力的分化

傳統的政治權力是相對集中的。今天的政治權力與過去相比，關鍵是在權力的量上比過去大，因為在當今社會，越來越多的人被捲入到越來越多的權力關係中。這一點我們可從現今政府的官員人數上看出來。原來一個部門或許只有三個人的，現在可能已經增加到九個，甚至更多。原來一個政府擁有三十個部門的，現在也許已增加到九十或更多。這就是說，一方面，政治權力向廣度擴張；另方面，它又在各個成員之間加以分散化。

杭廷頓認為，在政治現代化過程中，權力集中和權力發展的關係是極為一致的。在現代化初期，由於必須首先改變傳統的社會、經濟、文化、信仰和行為，所以，就會產生革新政策和權力的集中，強者與弱者的鴻溝越來越大。同時，由於革新政策所引起的社會和經濟變化，將導致新集團要求進入政治體系，並要求擴大體系的容量。而在現代化的晚期，體系的擴大將可能促成體系中權力的重新分散。它需要動員、吸收新的參政集團，共同建立一個現代化的政體。由於政治體系必須吸納大量不同意見來治理與管理社會，適應迅猛變化的社會，所以，政治體系就面臨著參政集團提出的較大地方分散權力，和在集團與制度當中建立制衡和控制的要求。因此，後現代的政治權力是分散在各個小黨中的，小黨的投票票數的起落，是主要執政黨同化新集團、革新政策的「晴雨表」。

後現代政治發展中，小團體越來越多，社會正變得越來越多樣化、分化。政治權力不但爲各個少數民族所分配，同時，也爲各種類型的群衆集團所分配，例如老年人協會、殘障聯盟、婦女聯合會、工會、青年組織、文化組織、工人、農民、商人、知識分子等等，都是分配權力的對象，各個團體都在政治權力體系中占有一席之地。

這種權力的分化，不僅是因爲利益集團之間的衝突結果，而且也是因爲任何一個統治者在應付今天高頻率的變化所鞭長莫及的。集權統治很難作出一個正確的決策，所以，只能讓其它層次的政治機構分挑決策的擔子。

權力越分散，其政治就越顯現後現代特點，越適應於一個多元主義的時代。權力越分散，其政治就越不具有暴力性，以致越容易適應政治參與的擴大。這些條件使一個後現代參與政體的出現成爲可能，使當今的政治比之以往更具有開放性、流動性、平等性。

五、政治參與的後現代化

除了政治體制的分化之外，後現代政治的又一明顯的特點是政治參與的迅速增強。政治參與的問題其實質是一個民主政治的問題，也即一個國家究竟有多少人是與政治有著直接聯繫的。然而，民主是否就等同於多數人統治呢？後現代主義政治學對此有著新的理解。

㈠現代政治中民主的多元化

現代社會的發展是把民主政治作爲一個總目標的。但是，由於各國政治體制的不同，不同類型的社會制度之間有著嚴重的分歧，特別是在資本主義與社會主義之間存在著根本的對立。所以，現代民主是多元的。

首先，現代民主的多元化表現爲資本主義與馬克思主義之間的分歧。現代資本主義民主觀認爲，民主是與公民自由相關的，民主的獲得在於人類思想的進步。第一，是由於人民普遍地期望管理他們自己的事務，或對他們自己的事務提出意見。第二，是由於自由主義哲學的不斷渲染與倡導法律面前的人人平等，假定人類基本權利的存在優先於國家利益或共同體的利益之上。說到底是由於人們期望公正地對待平民百姓，公正地對待婦女和少數民族，消滅法西斯主義，這種期望與倡導個人權利的意識形態是現代民主之源。

但是，馬克思主義的民主觀卻提出了截然不同的看法。馬克思主義認爲，只要資本主義制度和私有制存在，就不會有眞正的民主，資產階級民主僅僅是爲少數統治者服務的，它根本就不是民主。要實現眞正的民主，就只有消滅資本主義和私有制，剷除剝削，即實現社會主義。

其次，現代民主的多元化也表現爲對民主含義的不同理解上。政治學家們書齋中的民主概念和對民主的要求往往與現實生活中的民主實踐不相一致，因此，導致了人們對民主概念含義的理解不相一致。例如，有的人認爲，民主就是由

民意決定，所有公民可以在政治行爲的實質性目標或國家的功能等方面產生不一致的看法，其中多數人同意則是標準。有的人認爲，民主就是參與，全體公民可以不參與政治，也可以要求參與政治、經濟的決策。也有的人認爲，民主就是代表制，由公民選出代表參與政治，然後由代表選舉領導人，層層的選舉、層層的負責制。還有的人認爲，民主就是多數人統治，任何職位、規定不可以由少數統治決定，而必須眞正地體現大多數人的意志和利益，徵得社會大多數公民的贊同。

再次，現代民主的多元化還體現在實現民主或行政手段的不同上。例如，歐洲的民主制就存在很大差異，在歐共體國家中，有六個君主立憲制，五個議會政府的共和制，一個總統制。這十二個國家中有八個具有議會議院，四個具有單一的立法議院。實際上，歐共體中沒有任何兩個國家是具有相同的選舉制的，主要是它們比例代表制的不同。在整個歐洲，民主形式層出不窮。

民主政治需要得到憲法的保障。然而，迄今爲止，卻沒有哪個憲法在某一普遍模式上獲得成功，因爲憲法總是要從民族的人口、地理、經濟、政治的實際出發的，同時也要借助別國對自己歷史的理解。其不同於他國的這種特色正是造成民主多元化的根本原因。

(二)後現代政治對民主的否定

二十世紀以來，人們對民主似乎抱有過高的希望，認爲

只要實現政治民主化，那麼一切政治、經濟、社會、文化的
問題都能得到順利的解決，階級合作就成為可能，獨裁統治
就能得到遏制，戰爭就不會發生。人們把一切理解都寄託於
政治的民主化。但是，民主的實踐是否能真的如此呢？二十
世紀以來全世界有多少自稱為政治民主化的國家，可是二十
世紀又發生了些什麼呢？是否像寄希望於民主的所想像的那
樣平平安安呢？僅兩次世界大戰就足以證明民主夢想的破滅
了。於是，後現代主義者們開始意識到了，「民主並非偶像」！

　　第一，民主在經濟上未必能比其它統治形式產生更高的
效率。其對經濟增長的促進、對儲蓄和投資的比率的提高，
不一定比非民主的體制更好。因為任何人都不知道如何組織
經濟發展，不了解經濟的結構、市場的變化。要求作出決策
的事情是如此之多，以致一台計算機也不可能把它全部輸
入。所以，民主化將使得決策更為混亂、更無頭緒。

　　第二，民主也不必然地導致行政上的高效率。因為，民
主政治作出決策的能力比其所替代的極權統治要低得多，任
何一個民主的政權如果缺乏集中的能力，那將會是混亂不
堪。同樣，民主也不可能使得行政更有秩序、更合民意，或
比極權統治更容易控制。民主化的目的是為了更有利於控制
社會，讓人民更好地發表意見。但是，如果民主化帶來無序
狀態、無政府狀態，那就會喪失對社會的控制。

　　第三，民主具有比專制制度更開放的政治，但並不一定
有更開放的經濟。今天，最成功最穩定的民主在歷史上就是
求助於保護主義的，它廣泛地依賴於公共制度來促進經濟的

發展。人們還不清楚，自由的經濟目標是否能促進民主的鞏固。

　　經濟學中新自由主義的代表人海耶克（F. A. Von Hayek）曾認為，民主在過去已成為一種偶像，最後一個不允許懷疑的禁忌。然而，正是由於民主的這種破壞作用才使現代國家變得好侵略。他認為，君主政體是無人可以干涉的，但後來民主政治得到了憲法的保護，政府卻可以打著多數派的招牌為所欲為，多數派替代了法律，在「社會公正」的背後，是立法者透過向某些社會團體的慷慨施為，在選民中打下良好印象的一種期待，政府成了被人有組織地敲詐的慈善機構，政治家因施與他人好處而獲得選票，對某些原則作出讓步，他們成了政治投機商，利用政府支出的費用來與其他團體、個人進行政治交易。在這樣的民主制度中，政治家已不再是普遍利益的代表，而成了交易金的管理人。在公眾輿論方面，政治家則透過大量的許諾來增加自己的選票。這樣的民主是不道德、不公正和極權的民主。因此，民主業已貶值，民主的理想與多數派的專制混同在一起。

　　民主政治是現代工業化社會的積極成果之一。農業社會沒有民主的存在，只有在工業革命之後，由於管理一個工業社會比管理農業社會更為複雜，需要作出的決策也多得多，原來那種簡單分散的經濟現在已為相互依賴的、複雜的經濟和社會所替代。在這樣的社會裡，參與決策的人數大大地增加了，而這個參與政治的集團往往是由社會的中上層人士所組成。工業革命所帶來的民主革命的實質就是要使更多的人

能參與決策過程。但是,政治參與是極有限的,所謂擴大民主,也僅僅是擴大到那些處於有利地位的中間階級,而絕非人人都有決策權。事實上,中間階級能夠參與的決策也是日常性的低級的決策,是那些使企業、社會和組織機構正常運轉的所謂決策當中的枝末工作,帶根本性的決策工作則基本上沒有工人和農民參加。但是,隨著工業化社會的進一步發展,決策的擔子越來越重,要做的事情越來越多,過於繁重、過於迅速,以致常常使決策者應接不暇,從而使決策的質量越益降低,而大眾對政府所作決策的信賴程度也日益降低。長此以往,民主政治則漸有陷入危機之險。

正因為民主政治漸入危境,不僅是在道德上,而且也在政治行政上都與當初人們對民主政治的期望相背離。所以,民主政治的弊端已經無法加以革除。更有甚者,現今發達國家的平民百姓提出了各種要求,例如要求同性戀合法化、群居合法化等等。這是民主政治不可能做到的。於是,一些落後的墮落的人們便把民主視為多餘,使國家在政治動員方面也失去了號召力。

再者,民主政治最初意味著是有利於窮人的一次較公平的突變。但是,在工業化高度發達的今天,人民生活水準大幅度地得以改善,真正的窮人已經為數不多,在人數上不占優勢,特別是在發達國家,窮人成了少數派。因此,以多數人統治為特徵的民主政治已經不適合於今天的實際,它未必是人道的或民主的。

㈢後現代民主的基本形式

後現代民主不是爲了實現共同的目標，不是多數人的統治，而是少數派占有和行使權力。社會差異性的存在不一定會產生衝突和紛爭，實際上可能正好相反。如果大家都想獲得同一目標，可能會因此而大打出手，而每一個人都有自己不同的目標，則可能出現的是相互合作，在不同追求中帶來更多的利益。在此意義上，與其說多數人統治是民主化的，不如說能容納少數派與差異性並使差異性合法化的政治才是眞正的民主。

第一，隨著社會生產的非群體化，使現代多數人的民主爲少數人的民主所替代，訊息化的社會使一切對政府的意見都可以透過傳播媒介迅速地傳達到政府，甚至投票選舉也可以在辦公室或家裡按表決器，而不需要走到投票站投票，政府也可以隨機抽樣地抽選出某一地區的人民代表，透過計票，選擇不同的強度與等次，決定不同強度的政策，並爲少數派人提供活動場所，使不同的少數派常常聚集到一起討論問題，把意見提供給決策。在後現代的政治過程中，允許普遍的討價還價方式，允許各種各樣的意見存在。

第二，後現代民主是一種「半直接民主」，民主政治將是旣依賴於代表又依靠自己的兩者相結合的方式進行的。在現代民主政體中，間接民主的局限性越來越大，弊端也越益明顯。代議制是現代間接民主的較普遍形式。但是，代表們在投票後彼此之間並沒有統一的認識，代表對國會所採取的措

施了解得越來越少，他們不得不依賴於旁人的介紹，依賴於別人來判斷，代表們有時連自己也代表不了。人民的意見必須依靠自己向政府直接去反映。而在直接民主的形式中，政府卻無力來抑制那些暫時的、激動的公眾，以致使民主難以維持。然而，比較恰當的方式則是把代表制與直接民主結合在一起，特別是在當今的電子時代，政府可以爲了民主政治建立通訊網絡，使政府的決策上情下達，也可以使老百姓下情上達，老百姓隨時可以就有關市政、社會文化等問題直接發表意見，也可以選舉出代表參加國家決策的制定與立法討論。

　　第三，後現代民主中的決策層發生分化，各個不同等級的部門分別挑起了決策的擔子，後現代的政治體制是權力分散化。因此，在決策分工方面，後現代民主打破了原先較爲集中的僵局，它把決策的決定權下放到各個專業部門。從經濟上說，我們已經面臨著一場生產和經濟活動根本性的分散化局面，國家經濟可能已不再是最基本的單位，而是代之以越來越緊密的地區性聯合，中央集權的決策對這樣一些地區性的聯合很難起促進作用，而全國性的經濟政策有可能只對某一兩個地區有利。因此，大量的經濟政策必須由國家轉向地區，轉向下級部門，從而使決策分散化。

　　後現代民主的發展促使舊的體制發生解構，使政治參與有了新的內容。但是，如果沒有現代民主的基礎，就不可能有後現代的民主政治。後現代民主政治是現代政治參與的繼續發展，是現代民主的新形式。

六、女權政治

與後現代的政治參與、民主制度相聯繫的還有當今世界各國出現的女權思想及其實踐。女權主義是當代政治體系、政治運動的角色多元化之產物，是後現代社會多樣性、權力分享的突出表現。

在傳統社會中，婦女由於受到政治、經濟、思想文化等條件的限制，一直居於深宮閨幃之中，男性主宰著世界的一切，女性至多只是男性的工具而已。男女之間不平等現象的長期存在，首先是與社會、歷史、文化乃至宗教相聯繫的，這些因素阻止著婦女的解放。其次是受經濟發展程度的束縛，工業革命使婦女被框限於繁重的家務上，而家庭的重要性則比之農業社會下降了許多；以致產生男性養活女性的感覺。第三是由於生理上的因素，養兒育女的責任往往落在婦女身上，以致失去與男性競爭的機會與能力。第四是由於受傳統習慣之影響，傳統的性別歧視持續了幾千年，所以，一時之間是很難完全擺脫這種影響的。

然而，到本世紀六十年代，社會經濟發展迅速，特別是電腦被用於商業，原先工業社會的潛伏危機已經逐步顯現出來，工業化時代的一切舊角色結構開始分裂，特別是男性在社會中的地位受到挑戰，婦女運動從工作、經濟、文化尤其是政治等各個方面，或者說是全方位地向工業社會角色提出質疑，婦女運動與民權運動、學生運動、反殖民主義運動等

一樣，構成工業革命所造成的世界群衆性批判運動的一個非常重要的一部分。

後現代範疇的女權主義與現代女權主義運動的區別在於：現代女權主義運動所提出的目標是男女平等、同工同酬，特別是婦女走出家庭、走向社會參與社會經濟文化事業等。而後現代女權主義則把目標面向人類生活的一切領域，特別是提出了更高的目標——攀登權力高峰，衝向政治領域，與男人一樣主宰世界。

後現代範疇的女權主義運動開始於六十年代。此前，法國存在主義哲學家西蒙波娃（Simone de Beauvoir）出版了她的名作《第二性》。這是一部爭取婦女徹底解放的戰鬥性的著作，她提出了「解放婦女就是解放男人」的著名口號，認爲「婦女只有持續不斷地追求自由，才能最終獲得自由」。波娃的著作與觀點是新時代女權主義運動發展的思想基石。與此幾乎同時，美國的貝蒂・弗里丹（Betty Friedan）也出版了《女性的奧秘》一書，此書的出版意味著女權運動從追求外在的平等權利的時代已經向著從思想意識上對婦女自身認識的轉變，從而爲新時期女權主義的發展作出思想上的指導。

從世界婦女參政的發展趨勢來看，婦女參政的比例呈上升趨勢，但與男子相比仍處於劣勢。八十年代以來，許多國家在國會與議院中都增加了婦女的比例。至目前爲止，世界上已有近兩百名婦女擔任政府部長級以上職務。1990年底，婦女擔任國家元首級職務的聯合國成員國有6個，占聯合國成

員國的3.8%，儘管這樣，全世界也只有3.5%的內閣部長是女性，男性仍然把持著國防、經濟決策和政治事務等關鍵性領域，整個世界還是一個男性占主導地位的世界。這種狀況將使女權運動進一步發展下去。

　　然而，從一個多世紀中的女權主義運動可以看出，婦女解放的主題正在得以實現，婦女在教育、生產、經濟、政治等領域中的地位越益得到改善，許多國家都以法律的方式規定男女具有同等權利。男性主導的越來越多的領域已經受到婦女的衝擊。同時，女性處於被支配地位的時代已經一去不復返了。可以想見，隨著今後社會的發展，許多女性將具有比之男性有更高的競爭力，可以從事比男性更有利、更有效率的工作。由於生育的控制，婦女對各種角色可以加以選擇，男性也可能很樂意做家務，照料孩子，成為妻子的家庭助手。

　　在今天的社會過程中，政治決策將是公共政策方面的最重大問題。因此，整個社會產生了強烈的民主參政意識，全社會的成員不管是年長年幼還是城市農村，都試圖對當局的政策決策加以關心，並獲得參與權；婦女運動的目的也正是為了參政、參與政治決策，在政治決策等重大問題上享有與男人一樣的發言權，在政府部門中獲得最高的領導權。

七、政治的異化

　　政治異化在通常的時代也是存在的。但是，普遍性的政治異化卻只存在於後現代範疇中。在集權制的時代，許多平

民百姓由於對政治覺得不可高攀,除了望洋興嘆,別無它法。
於是到最終只得放棄任何政治的幻想,老老實實做人,對政
局持不聞不問的態度。有的人則因爲看透政治鬥爭的實質,
對爾虞我詐的鬥爭覺得厭膩,從而退出圈外,看破紅塵。但
是,在今天的政治發展過程中,隨著職業、收入和社會各方
面的迅速進步,人們的政治滿足感不斷增加,政治決策已不
再像集權時代那麼神秘,而其透明度越高,人們對政治的興
趣就越低,對政治逐漸不去關心了。

　　人們不關心政治的基本原因有:第一,社會的多樣化發
展,充分地擴大了人們展示自己才能的範圍,很大部分人在
市場化的社會中,憑據自己的智慧與才能找到了適合於自己
發展的工作,他們在這樣的領域中得心應手,他們對政治變
得較爲冷漠,卻把掙錢看作是宏偉事業,在經濟上可謂出人
頭地。同時,由於成爲經濟發展的貢獻者,一部分人又與政
治發生了聯繫,受到了政治要人的青睞,但這也只是點綴而
已,並不擁有眞正的權力。對這些人而言,政治僅僅是一塊
招牌。然而,雖然給這些人貼上了政治的標籤,但這些人仍
然是個以掙錢爲目的的人,因而是個邊際化的人。第二、由
於個人距權力中心太遙遠,其政治期望與政治現實之間有著
重重障礙,與其不惜一切代價地去爭得一官半職,況且,即
使如此,也未必成爲一方土地之神,不如在其它領域求得更
好發展。因此,一些年輕人逐步喪失了對政治的直接興趣。
第三、由於當今社會的快速發展與多樣化、複雜化,漸使一
些政治人物、政治組織的領導人對社會問題的解決不力,他

們無法把解決問題的方法與社會對他們的理解結合起來，無法利用新聞媒體準確地說明有關政治事務，他們介於官僚主義與民主之間，推卸責任。領導層內部危機重重、意見分歧，辦事抵沓、效率低下，使人們感覺到政治的無能，以致失去從事政治的興趣。

政治異化是一種趨勢。在後現代社會裡，每一個人都將是現代政治形式的懷疑者、破壞者，人們在長期的社會進化中逐漸破壞了現代體制。在後現代，由於人們的充分想像力與創造力的發展，由於後現代精神的作用，他們總是創造出多元的豐富多彩的行政制度，把權力交給律師、專家、市民組織、工會、婦女、少數民族、科學家甚至盲人。他們通過電腦的處理，把結果公布於眾，讓人們充分地想像設計社會發展的方案，讓人們充分地行動，實現自己的目標。為著各自不同的目標，利用各自不同的努力與工作方法，創造性地行使政治權力，將是後現代主義政治的重要現象。

參考書目

1.安東尼・奧羅姆 (Anthony M. Orum)，《政治社會學》，
  張華青譯，上海人民出版社，*1989*
2.王滬寧著，《比較政治分析》，上海人民出版社，*1987*
3.羅伯特・達爾 (Robert A. Dahl)，《現代政治分析》，王
  滬寧譯，上海譯文出版社，*1987*
4.塞繆爾・亨廷頓 (Sammuel D. Huntington)，《變革社會
  中的政治秩序》，李盛平譯，華夏出版社，*1988*
5.加布里埃・阿爾蒙德 (Gabriel A. Almound)，《公民文
  化》，馬殿君等譯，浙江人民出版社，*1989*
6.丹尼爾・貝爾，《後工業社會的來臨》，高銛譯，商務印書
  館，*1986*
7.阿爾文・托夫勒，《預測與前提》粟旺等譯，國際文化出
  版公司，*1984*
8.J. Rosenau, *Turbulence in World Politics* (Brighton,
  1990)
9.H. Foster (ed.), *Postmodern Culture* (London, 1985)
10.A. Ross (ed.), *Universal Abandon: The Politics of Post-
  modernism* (University of Minnesota Press, 1989)

第八章

後現代經濟學

　　直至今日，經濟學中較爲完整的後現代主義文獻並不多
見。然而，經濟學發展中所表現出來的特徵必須參照後現代
主義來理解。如果我們按照某些後現代主義哲學家的觀點，
後現代主義也即晚期現代主義（late-modernism 或譯爲遲後
的現代主義），因爲，這樣來理解後現代主義是比較貼切的，
它是現代主義在最近的發展，是現代主義的延續；那麼，經
濟學中的後現代主義是透過以下兩種方式來實現的：第一，
經濟學方法的後現代主義化；第二，經濟學思想流派的後現
代主義化。

　　人們常常把後現代主義等同於多元論。可是在經濟學
中，眞正可以用後現代主義來說明的則是：去中心的思想、
消除固有探討方式的思想、反表象主義的思想、學科分化的
思想、反對形式主義的研究方法的思想等等。經濟學中對後
現代主義的研究、運用，與文學、藝術相比，是較爲實際、
較爲謹愼的。

一、經濟學對現代主義的挑戰

如果要把經濟學中的現代主義作出限定，那麼我們可以作如下的解釋：現代主義是主張進步與發展，承認普遍理論、科學統一、理論的公理化、規範化、實證分析等等。現代主義是西方現代化尤其是工業化的產物，從社會形成意義上說，它是與資本主義經濟相聯繫的；從思想方法的根源看，它是與科學化、形式化、精確化相聯繫的。有鑑於此，則可以確定的是，經濟學中的現代主義形成於十九世紀古典機械論基礎的決定論的經濟思想，其核心概念就是「數學」和「經濟人」。現代經濟學發展的特點是日益背離道德、趨向實證主義化。

但是，時至本世紀三十年代，經濟運行的現實使現代實證化的經濟學遇到了其發展過程中的第一個波折。戰前風調雨順的經濟景象轉瞬間變得雜亂無章、烏雲密布。凱恩斯（J. M. Keynes）第一個提出了不給實證化的經濟學輸血的主張。他認為，如果挽救實證化經濟學，將會嚴重損害充分就業。他主張，把宏觀經濟學與微觀經濟學分別開來加以研究，認為從宏觀上而論，生產的水準與就業是由個人需求的總和決定的。大批工人降低工資，並不能保證就業。而孤立的一部分工人工資下降，則可能相反。之所以如此，是因為大批工人工資下降將會削減集體需求。凱恩斯的這種觀點的挑戰，不是一般的理論批評，而是一種方法論的轉變。他的有效需

求理論已經否認了形成現代主義的認識論基礎。

　　之後，經濟學中的爭論多了一個領域，即經濟學方法論的爭論。專門從事研究經濟學方法論的作家M.布勞格（Mark Blaug）曾在《經濟學方法論》一書中認為，現代經濟學方法是與西方現代科學哲學相聯繫的。在二十年代至五十年代，經濟學界盛行的是邏輯實證主義觀點，即所謂的「公認的觀點」，強調實證原則。只是到五十年代才有了「向概率的退卻」（賴欣巴哈Hans Reischbach）。五十年代末期到六十年代，主要的經濟學方法論問題則由傅利曼（M. Friedman）反對假設的實在論證所代替。

　　這種有關假設的實在論的爭論，導致了宏觀經濟學與微觀經濟學在方法論上的分裂。綜合平衡理論家阿隆（K. J. Arrow）、德布魯（G. Debreu）和哈恩（F. Haln）從應用虛構的經濟人概念的理性行為角度贊同宏觀經濟學，特別是哈恩，主張理論是自我關聯的，理論與實在並不必然地構成聯繫。

　　實證科學向概率的退卻以及經濟學理論與實在之間的關係的討論，致使八十年代的經濟學頻頻陷入危機。經濟學科的政策性與經濟學本身的方法、技術發生衝突，經濟學的專業化、技術化日益被強調，並滲透到教科書與教學方法中，但其政策性也越來越強，越益成為政府的工具。

　　六十年代末，美國著名的歷史主義科學哲學家孔恩（T. Kuhn）出版了他的《科學革命的結構》一書。由於孔恩對科學理論的認識根本不同於實證主義，特別是他引進了科學的

非理性因素，強調理論的建構性特徵，把科學的發展看作是
科學共同體放棄科學舊典範（paradigm）、承認新典範的世界
觀的轉換，從而在根本上否認了科學是在實證基礎上累積性
發展的觀點。孔恩的這種思想觀點到八十年代初期在經濟學
界引起了強烈的反響，其最著名的結果就是對宏觀經濟分析
的否定，即沒有任何一個綜合的結果是可行的。所以，布勞
格在其《經濟學方法論》的結論部分論述道：二十世紀六十
年代是經濟學和經濟學家們的職業幸福感達到極點的10年。
另方面，在七十年代卻充滿了經濟學「危機」、「革命」和「反
革命」的議論，這些議論經常成為經濟學專業的一些主要發
言人真正進行自我批評的焦點。它們正逐漸修改著評價一門
學科的尺度。

　　孔恩理論所導致的經濟學方法論的再度危機，直至拉卡
托斯（I. Lakatos），才漸趨緩和。拉卡托斯認為，理論可以分
為兩個組成部分：一個部分是硬核，另一部分是保護帶，其
中硬核部分是最基本的、穩定的、不易改變的，而保護帶（即
輔助性假說），則可經常修改。拉卡托斯理論的辯證性較易於
為一般的理論家所接受。這一方法也為布勞格所推崇。因為
在布勞格寫作《經濟學方法論》的這個時期，也正是拉卡托
斯以精緻的證偽主義批評孔恩科學革命觀點的時期。但不管
如何，拉卡托斯與孔恩的方法都是對以往哲學方法論的挑
戰。

　　隨著八十年代旋風般的方法論上的變化，經濟學已經孕
育成了一種經受多方挑戰的性格。它的科學化、規範化、實

證化的特點已經無人問津，相反，卻形成了一種對傳統觀點來說是四面楚歌的局面。這就從根本上否認現代主義的後現代主義經濟學的興起。

二、經濟學方法論中的後現代性

八十年代以來，以鮑蘭（L. Boland）、卡威爾（B. Caldwell）和麥克勞斯基（D. McClosky）爲代表的帶有後現代主義性質的經濟學家主張，放棄現代主義的普遍化和唯一規定的方法論，放棄邏輯實證主義，並且爲多元論辯護。

他們對經濟學中現代主義的批判，主要是從兩個方面著手：第一，指出原先經濟學中的邏輯是不一貫的，現實的經濟狀況和現代主義的原則是不一致的，實踐中的經濟學家必須從邏輯實證主義之外去尋求方法來處理經濟學理論與實踐的關係。因爲，現代主流經濟學強調，以數學爲方法論來建構理論模型；而邏輯實證主義在形式證明之外，則強調用眞實的事件來檢驗理論。形式主義主張排除一切不可用形式表達的東西，而應用經濟學則需要克服或擺脫邏輯的局限性。這樣，就不可避免地形成了矛盾。

第二，強調多元論，主張任何一種方法論的特殊性。鮑蘭認爲，一個方法論家必然要論證，在經濟學家考慮方法範圍的意義上，他應當是一個多元論者。卡威爾主張，方法論者在關於實踐經濟學的方法論方面應該是多元的。麥克勞斯基則認爲，經濟學家本人在對方法的範圍的選擇上是多元論

的，經濟學家對方法的選擇是由其本人所使用的話語所支配
的。在今天，經濟學家們對理論與方法應當持開放態度。這
就是說，即使後現代主義以多元論為特徵，是非現代主義的，
但是後現代主義經濟學也仍然免不了承認現代經濟學的某些
方法，作為其多元論的一元。

　　孔恩與羅逖（R. Rorty）的思想都允許人們堅持一般理
論，但卻反對理論的絕對真理性，開放性在理論處在特殊語
境中時，它仍然能夠得以維持。後現代主義的理論其真正的
有益之處在於它能夠容忍對立理論的存在，而它對現代理論
的批判也僅僅限於方法論的批判。正如同哲學中的後現代主
義那樣，日益趨向於對後設敍事的不信任，反對基礎主義，
反對表象主義與真理的存在。經濟學中的後現代主義絕不是
以新代舊的思潮，它絕不是與現代的發展決裂或中斷的，而
是現代發展的最新時期。它從方法上克服了現代的那種「一
元性」、「唯一性」。因此，經濟學中的後現代性絕不是和思想
學派的存在相矛盾的，我們也很難確定哪一個學派是後現代
的，而其他則是現代的。我們很難區分出後現代主義經濟學
和現代主義的經濟學。正如同鄭祥福在《李歐塔》（生智出版
社）一書中所說的，與其定義後現代主義叫什麼，不如說它
不是什麼，或者說它不是現代主義的。這樣，我們就可以確
定哪些經濟學流派是後現代的，或者說至少是有後現代性特
徵的。

三、非現代主義的經濟學

在現代時期存在著一些非現代主義的經濟學，它們對現代主流經濟學是持批評態度的。這些學派包括：新奧地利學派、後凱恩斯學派和激進政治經濟學流派等等。

㈠新奧地利學派中的非現代主義或後現代性

新奧地利學派是新自由主義經濟學的一個分支，因為新自由主義包括四個中心：奧地利的新奧國學派、英國的倫敦大學的倫敦學派、美國芝加哥大學的芝加哥學派、西德弗萊堡大學的弗萊堡學派。由於海耶克（F. A. Von Hayek）先後在這四所大學擔任過教授，他的新自由主義思想得到了以上幾個學派的推崇，因此，海耶克是新自由主義思潮的典型人物。

海耶克出生於奧地利，1938年入英國籍，並任倫敦大學教授，1950—1962年任芝加哥大學教授、1962—1970年任德國弗萊堡大學教授。曾先後著有《自由與經濟制度》（1938）、《到奴役之路》（1944）、《個人主義和經濟秩序》（1948）、《科學的反革命》（1952）、《自由的憲章》（1960）、《哲學、政治學和經濟學研究》（1967）、《貨幣的非國家化》（1976）。他的學術活動涉及社會學、倫理學、政治學、經濟學等多個領域。1974年獲諾貝爾經濟學獎。

海耶克的思想一貫被認為是「極右的」、「保守的」。海耶

克極力宣稱經濟自由的益處和國家干預的弊端，猛然抨擊凱
恩斯主義。他用現代混沌學和系統論的觀點，認為混沌可以
達成有序，一個無序的系統其各個要素的相互作用，最後可
以自組織成有序系統。

　　海耶克的經濟學方法的特點是把經濟分析置於「價值判
斷」基礎上。他認為，經濟學的研究必須擺脫一切「思想束
縛」，特別是要擺脫「當代蒙昧主義」，摒棄一切偶像崇拜，由
人們自己的價值判斷準則來支配個人的行為，而這種價值判
斷的準則應當是「個人的自由高於一切」。

　　以海耶克為代表的新自由主義學派的出發點，就是把個
人的行為動機當作一個真實的存在而不是當作虛構。集中研
究動機和行為、制度的作用，特別是研究語境問題。總的命
題是限於取消國家干預，摒棄數學的方法。尤其是在海耶克
看來，經濟學家的任務就是要建立一個貨幣的非國家化、機
會均等、自由市場經濟、純粹私有制的理想社會。海耶克的
思想具有明顯反現代的特徵，他的批判精神是當今每一位青
年人所崇拜的。索爾曼在拜訪海耶克時，曾對海耶克所保持
的那種徹底的革命精神倍加讚賞。特別是海耶克對現代民主
制度的批判一針見血。但是，海耶克也是保守的，他的思想
有非常傳統的自由競爭色彩，因而，也被稱為新保守主義的
經濟學家。

(二)激進政治經濟學聯盟

　　第二次世界大戰之後，在西方資本主義國家的經濟學說

中，形成了一股激進的左派政治經濟學說，它批判主流經濟
學說，提出了一些大體上以馬克思主義政治經濟學為根據或
與之相接近的觀點來批判主流經濟學。

激進的政治經濟學聯盟形成於五十年代末期黑人反對歧
視的鬥爭，六十年代末七十年代初湧現出來的反越戰的群眾
性運動，以及與法蘭克福「五月風暴」相呼應的學生運動。
一些加利福尼亞大學的青年教師、研究生和左派學生成立了
「激進政治經濟學聯盟」。七十年代，這個聯盟發展到了二千
餘人，其中還包括部分加拿大左派經濟學家。

激進的政治經濟學家聯盟對經濟學的研究方法具有以下
共同認識：第一，他們共同認為，對於人的經濟行為不能透
過概括人的普遍性傾向並在形式上用最優化模式來進行分
析，而必須研究具體的社會經濟制度對人的行為的影響。第
二，在經濟活動當中，個人、家庭和企業都不是最主要的決
策單位，決定經濟成果的關鍵是形成相互衝突關係的人群或
階級所產生的集體力量。第三，認為不能從基礎結構和各種
經濟運動趨於均衡的假設出發，制訂出反映一個社會的經濟
過程發展的模式。相反，應該在社會——經濟階級的相互衝
突中考察基礎結構的不斷變化，並用動態的不均衡模式來探
索經濟過程發展之辯證的和矛盾的特點。

激進的政治經濟學家聯盟對待經濟學理論的基本態度可
以說是具有後現代性的。他們認為：第一，經濟學並不是嚴
格意義上的科學，它在一定意義上是經濟學家的思想產物，
經濟學理論和經濟學家之間有著不可分割的聯繫。一般地

說，把現實的經濟現象抽象化、理論化是一個十分複雜的問題，之所以要用抽象化手段對經濟現實進行概括，只是為了研究的方便。但理論畢竟不同於實際，兩者存在大量的差距。理論有大量的主觀性因素的介入。第二，經濟學對於經濟學家與政府決策者來說，是「一箱子工具」。它是為了達到一定的目的，是由人們生活中的「價值觀念」決定的。經濟學與社會的意識形態有著緊密的聯繫。它是一種思想體系、一套信仰。

激進的政治經濟學聯盟對主流經濟學所持的批判態度類似於新自由主義，它反對主流經濟學把經濟學作為一門嚴格的科學來研究，認為主流理論對人本性的看法過於僵化、凝固化、沒有看到人的本性不斷變化的一面。激進的政治經濟學聯盟批判主流理論對國家的辯護性觀點、反對主流派的國家干預的經濟政策。還反對主流派在研究經濟學時所採用的形式分析方法，認為形式分析不過是一種抽象化的絕對化論證，並無多大的實際意義。

激進的政治經濟學家聯盟在基本立場上是一致的。但是，聯盟成員對具體的理論問題和現實問題卻有著不同的研究角度，有自己不同的看法，各個成員在對許多理論問題和現實問題的看法上也是不斷地修正的。

八十年代後，隨著美國經濟的滯脹問題越益嚴重，激進的政治經濟學聯盟已不斷擴大了自身的影響，在美國的經濟學界占有一席之地。

㈢後凱恩斯主義經濟學潮流中的綜合趨勢

從方法論上說，凱恩斯經濟學是現代經濟學的一個「異端」，只是在它取得成功之後，又由異端變成了正統。特別是七十年代前期，西方世界在制訂政策時，都是以凱恩斯主義的經濟學作爲依據和指導思想的，戰後西方世界長達25年的「戰後繁榮」，明顯地使凱恩斯主義的反危機理論取得了空前的地位。然而，這種成功是與凱恩斯以後的一批推崇與追隨他的人對其學說所作的修正不無關係的。這些後繼者們所修改與發展的理論，比之任何其他理論都具有複雜性、多樣性與變異性。這就是人們一貫稱謂的「後凱恩斯主義」。後凱恩斯主義形成的一個重要原因，就是隨著經濟形勢的不斷變化，爲適應新的情況，使經濟學理論在政策上、方法上不斷地作出修正。

後凱恩斯主義的一個明顯特點就是貫徹了多元論的方法論。首先，是主張經濟政策的具體化、多樣化。在凱恩斯《就業、利息和貨幣通論》（商務印書館，1927年中譯本）的末尾，就已經對經濟政策作出提綱契領式的闡述，認爲有必要專門論述經濟政策問題。後來，他的繼承者們根據各國各個時期的實際經濟形勢，對經濟政策加以具體化，並把經濟政策作爲一個重要的核心課題來加以研究。根據武漢大學劉滌源等人的觀點，後凱恩斯主義有關經濟政策的制訂涉及了三個方面的內容：第一、財政政策究竟如何運用？財政政策與貨幣政策二者究竟如何配合而發揮作用？第二，《通論》是一本

「封閉經濟」的就業理論著作，關於對外經濟政策，幾乎沒有涉及，對外經濟政策如何運用？第三，「滯脹」惡果湧現以後，收入政策和人力政策又如何制訂和執行。

　　後凱恩斯主義關於經濟政策的具體化、多樣化的觀點給凱恩斯主義經濟學引入了開放性，增加了活力。

　　其次，後凱恩斯主義的經濟理論雖然爭論很多，如「兩個劍橋之爭」，但是，後繼的各個分支不管是「左」的還是右的，卻走著折中主義的路線，使中間路線成為當代經濟學的重要方法。在英國，第二次世界大戰後的經濟形勢使凱恩斯經濟學與英國的「社會主義」合流，形成了凱恩斯的經濟政策和英國的「社會主義」的經濟政策相結合的混合經濟，並共同倡導「福利國家」。這種結合意味著第二次世界大戰以後英國經濟政策採取了一種特殊的「管理」資本主義經濟的獨特形式，以致英國的凱恩斯主義走上了左的道路。而在美國，由於沒有費邊社會主義的改良傳統，所以，凱恩斯主義則向右轉，走上了右的道路，對經濟成長抱樂觀態度，並斷言在經濟成長過程中可以解決就業、收入分配和資源供給等問題。在經過「25年輝煌」和1973—1975年經濟危機之後，西方世界的經濟進入「滯脹」階段，由此所產生的經濟學說則是「新古典綜合學派」。這一學派把古典經濟學和後凱恩斯主義經濟學的某些方面結合起來，把凱恩斯以研究經濟波動為中心課題的宏觀經濟理論，同馬歇爾以研究均衡價格為主要對象的微觀經濟理論，二者綜合起來，形成了一個既有宏觀理論，又有微觀理論，既強調「需求管理」的政府干預，又

發揮市場機制的調節作用的折衷體系。

　　折衷主義在某種意義上也屬於多元論的變種，對其它理論和方法具有一定的容忍能力。在後凱恩斯主義的理論中，形式主義在它的規模上受到了不確定性的限制，後凱恩斯主義看到了這種不確定性，看到了國家在彌補資本主義經濟方面，沒有能力維持穩定的高就業水準，也無力對人們看到的收入進行公平分配，以致在研究經濟學的過程中放寬理論的彈性，增強理論的容忍能力。

四、經濟學中後現代主義
　的發展趨勢及其特徵

　　經濟學中的後現代主義是現代主義的繼續，但經濟學中沒有公開的、明顯的後現代主義文獻，我們只是從一些最近幾十年中形成的經濟學現象中找出一些後現代主義的特徵，並猜測其發展的趨勢。

　　如果我們概括地說，後現代主義經濟學的特徵究竟是什麼，那麼我們便可以把它與現代主義的經濟學特徵加以比較來說明。第一，所有現代主義的經濟學在方法上是積極排除對歷史時代經濟狀況的注視，而僅僅是作一些脫離實際的形式研究，並且，它不包括對不確定性和進化的制度的注意。然而，後現代主義經濟學的特徵則意味著對方法的開放性，對思想學派與流行理論的開放性，主張沒有任何一種理論可以在絕對意義上是真實的。第二，現代主義經濟學確定了證實原則和邏輯一貫性作為衡量理論之

標準，簡言之，現代主義經濟學的方法強調的是理論與經驗的符合、理論本身的合邏輯性。這對於後現代主義經濟學而言則是不可能的，後現代主義經濟學認為，每一理論都存在特殊的語境，不同語境間存在不可通約的因素。卡威爾提出了在可接受的方法論範圍內注重民主的標準，麥克勞斯基則完全否認標準的存在，認為有了標準就會阻礙話語的建構。羅遜認為，後現代主義傳統的經濟學流派對方法或標準的選擇是以孔恩的「典範」為依據的，受到它所討論的問題的支配。第三，現代主義傳統的經濟學是建立在總體價值觀之上的，經濟研究的目的是為了解決社會問題，為了完善社會制度。而後現代主義經濟學的價值觀是建立在個體基礎上的，或者說是以學派本身的語境出發的，其價值觀的多樣化是其開放性的前提，從經濟研究的目的來說，是為了豐富人類經濟學說，豐富它的內容，經濟學要提高其預測能力就必須有各種考慮，有多種方法，一個包羅萬象的體系只存於各個經濟學派之中，卻不可能為某一個學派所獨占。

　　經濟學在今後的發展可以說是難以預測的。一旦我們進入新的年代，人們就會發現傳統經濟學是值得懷疑的，一切經濟學理論無論建立在什麼基礎上，都只適用於當時的特定語境。新的變化要求人們充分地發揮自己的才智、創造出更多的經濟學派。對於今後的發展，可以預料到的是：第一、隨著工業化的進一步發展，冷戰的結束，世界多極化的出現，隨著人類整個經濟水準的提高，人們的價值觀將發生根本性的變化，許多具體的經濟部門已經用固定的程式、用計算機來進行處理，它已經不需要部門的經濟學家來為之考慮與研究；對社會的貧窮與就業問題也同樣

被具體的數量化程式所解決。而經濟學所要探討的也許是全球經濟一體化之後的實際問題，在討論這樣的超大系統的問題中，人們無法確定中心，無法確定究竟應該用什麼樣的傳統方法，國家利益的觀念發生了根本的轉折。於是，經濟學變成了一個實實在在的經濟學家進行思想交流的「娛樂」場所。

第二，後現代主義經濟學的發展，由於實際的經濟的擴散與豐富多彩，使得經濟政策逐漸淡化，逐漸失去其原有的作用。各種語境中形成的經濟學在交流中轉變成為「文字」。人們無法知道究竟何種標準是可以辨別真與偽的，究竟何種經濟學是有益於社會的。各種經濟學派五花八門，充斥於經濟學領域，它們既互相衝突，又互相聯結，互相彌補。經濟學成了名副其實的「工具箱」，當某個社會現實的零件出了故障，就可以從中選取適當的工具來修理它。可是，這裡還沒修好，別的地方又出了故障，永遠也不可能根治這台機器的故障。

第三，由於後現代主義的發展，經濟學將喪失原有的一切方法論，除了微觀經濟學外，所有的宏觀經濟學都不是在社會現實基礎上建立起來的，而微觀經濟學由於數量化、數學化，轉變成了技術科學。經濟學家已喪失原有的意義，他們建立的思想學派是在想像的方法論基礎上思考出來的，經濟學家頭腦中存在的是「思想實驗」，而非社會實際現象和部門。一切實證的、滯後的、沒有預見性的方法都被忽視，邏輯的形式受到摒棄，經濟學家成了富有想像力才能的預言家。在這些繁雜的預言中，它們已構造了還沒有發生的經濟

現象，早已構造好了解決這些將要發生的經濟問題的手段和
措施。儘管，眞實出現的經濟現象僅僅是幾百種預見中的一
種，但經濟學家對已經形成的理論卻不屑一顧。

　　如果說布勞格選擇了巴柏、拉卡托斯的證僞主義作爲經
濟學發展中的可行方法，那麼，我們可以想像的是後現代主
義經濟學方法的發展可能是德希達的、李歐塔的和羅逖的。

參考書目

1. 馬克・布勞格（*M. Blaug*），《經濟學方法論》，石士鈞譯，
   商務印書館，*1992*
2. 宋承先、陳招順、張榮喜主編，《當代西方經濟思潮》，湖
   北人民出版社，*1986*
3. 劉滌源、潭崇台主編，《當代西方經濟學說》下冊，武漢
   大學出版社，*1990*
4. 丹尼爾・貝爾，《後工業社會的來臨──對社會預測的一
   項探索》，高銛譯，商務印書館，*1986*
5. 索爾曼，〈海耶克：使自由主義復興的人〉，江小平譯，載
   《國外社會科學》（北京）*1989*年第*6*期。
6. Mark Blaug, *Kuhn versus Lakata, or Paradigms versus
   Research Programmes in the History of Economics,* in
   Gary Gutting (ed.): *Paradigms and Revolutions,* Indiana,
   1980
7. Thomas Kuhn, *The Structure of Scientific Revolutions,*
   Chicago, 1971
8. D. W. McClosky, 'The Rhetoric of Economics,' in *Jour-
   nal of Economic Literature 21: PP481-517*
   'The Very Idea of Epistemology: a Comment on "Stan-

dards" ', *Economics and Philosophy 5: PP1-6*

9 . B. J. Caldwell, *Beyond Positioism: Economic Methodology in the Twentieth Century,* London, 1982

第九章

後現代國際關係

　　把國際關係的研究與後現代主義的探討聯繫起來，在當今似乎是可笑的。但國際關係的研究其種種現象比之其它社會科學似乎更帶有後現代主義的色彩。因為，國際關係在本文上是研究國家之間交往的發展與世界的命運的，它的研究比之任何其它社會科學都富有先入之見與主觀性。可以這樣說，國際關係的研究幾乎沒有什麼規律可循，任何一國對國際關係的研究都必須符合本國的利益與權力的要求，各國之間對國際關係的探討與理解是不統一的。國際關係學是一門極其分化的學科，如果按照現代科學的要求，它甚至連一門學科都是不夠格的。這不僅可以說是這門學科的弱點，也可以說是完全合乎需要的。

　　正是由於國際關係學的這一顯著特點，所以對國際關係的研究意味著在本質上從事於一種「話語」、一種對話的探討，這種話語或對話涉及權力、知識與社會關係、國際關係的相關性。對話的參加者所持的價值觀標準不同，所以，每個對話者的發言都是有差異或分歧的。因此，國際關係的研究就自然地向著後現代主義開放。

一、國際關係研究的傳統

與任何一門學科一樣，國際關係的研究也有它自己的歷史。不同於其它社會科學研究的是，國際關係的研究則遲遲在本世紀初才出現；與其它社會科學一樣，對國際關係的研究，在理論方法上是以哲學與科學認識的一般規律爲背景的。

自從近代以來，科學研究確立了一個普遍的法則，即自然界是統一的，人們的行爲歸根究底是由現實的客觀存在所決定的，任何假說或理論都可以透過經驗而客觀地分辨出其真或假。科學研究的這一深刻認識便是現代實證主義哲學的認識基礎，實證主義是本世紀初社會科學研究的基本方法論。

但是，對國際關係的研究是從外交史中誕生的。本世紀以來，兩次世界大戰給人們的深刻教訓是，國家在經濟、軍事實力上必須強大，而且國際間還必須結成同盟。只有這樣，才能挽救自己免於成爲戰爭的戰場，才能使自己在國際鬥爭中生存下去。於是，國家之間紛紛展開外交政治，尋找靠山。國際關係也因此而日益地重要起來。外交思想的傳統所強調的與科學研究不同，它所注重的是個別的、偶然的、不確定的特質，卻非一般的或普遍的規律，也不存在普遍的方法即後設敍事。所以，從理論研究角度而言，對國際關係的研究重在解釋，而不在證實。但是，由於本世紀初實證主義的強

大影響力，國際關係的研究仍然是在它的指導下進行的。

實證主義哲學對國際關係研究的影響主要在於兩點：其一，實證主義認爲理論、定律、普遍規律是有所指的，其指示的對象是客觀存在的，理論與現實的客觀對象之間存在著因果關係；其二是強調存在著有關政治的客觀有效眞理，這種眞理是人類所能共同承認的。因此，可以透過客觀的控制國際關係中各國行爲的法律來調節國與國之間的關係。由於實證主義思潮的影響，本世紀上半葉的國際關係研究主要的目的是爲了尋找防止戰爭、制止戰爭發生的本質規律，建立國際法和國際組織，以推進與維護世界和平和國家安全。這種以實證主義研究戰爭的起因、國家行爲的因果性的作法，最終導致了著重對國際法和國際組織的研究。

然而，不久，實證主義的哲學就遭到了來自各個方面的批評，尤其是受到了來自美國實用主義哲學的衝擊。在政治學中則受到了行爲主義政治學的挑戰，以致國際關係的實證主義研究也受到了同樣的批評。他們認爲，國際關係理論按照自然科學的方法論與認識論是不可能成爲「科學的」，國際關係學更像是一門隨機應變的對話，是關於「事實」與「價值」的混合體，並主張在事實與價值方面作具體的精確分析。由於在本世紀五六十年代正值實證主義哲學解體並醞釀著其它流派產生之際。所以，這時國際關係的研究仍處於過渡時期。它一方面暴露了實證主義方法的局限性，另一方面，又未能完全地走出實證主義的樊籬，而是處在傳統理論、傳統方法論與不同意見者的爭論中。

1962年，隨著孔恩 (Thomas Kuhn)《科學革命的結構》一書的出版，正式宣告了邏輯實證主義哲學的破產。孔恩是四十年代哈佛大學物理學博士，曾研究過心理學，五十年代末又研究過行為科學，並從中領悟到科學「典範」(Paradigm) 在科學研究中的作用。後來應邀為《統一科學百科全書》寫作其中的一個卷次，這個作品即是《科學革命的結構》一書。孔恩認為，支撐科學家進行科學研究的以及構成科學共同體的基礎就是典範，典範是科學理論的結構、框架、基本原理，它對科學家的研究起著世界觀、方法論的指導作用，它是科學家內心積澱下來的信念。典範的維持將是常態科學，而典範的轉換則是科學革命。革命意味著科學家放棄自己的信念，意味著科學家世界觀的轉變。一門學科的確立常常依賴於先驗的不可檢驗的假設前提，這種前提指導著科學研究的領域。由此人們則可以看到，知識常常是主觀的，依賴於典範，而非依賴於客觀的對象或實體。這種引入主觀主義的科學觀，大大地削弱了實證主義哲學的影響，特別是使證明主義與實證主義的客觀化哲學從根基上發生斷裂，從而使科學哲學研究的方向發生轉移。

孔恩的思想也使國際關係研究擺脫了實證主義的束縛。它削弱了政治現實主義對政治力量的客觀規律性的迷信，使國際關係研究中的價值觀因素和主觀因素得以顯明，從而使國際關係研究從實證主義轉向多元論。孔恩思想對國際關係研究的影響還不僅於此，他的思想是對傳統哲學的一種總批判，是一種相對主義思潮；他的研究激起了人們對自我意識

的探討，並進一步使人們認識到科學研究僅僅是語言遊戲，科學理論僅僅是人們閱讀的文本。每個人在閱讀時，由於主觀性的作用，都會產生彼此有差異的結果。我們在孔恩的思想中已經可以窺見後現代主義的萌芽了。

然而，儘管實證主義在六十年代遭到了毀滅性的批判，但它畢竟是在長時期內構成了主流理論的方法論，以致在社會科學領域中不可能很快消除它的影響。國際關係在新時期的研究還不能完全擺脫實證主義認識論的限制，它仍然受到實證主義認識論前提的支配，即各種理論與概念體系都代表著對世界的真實理解，理論是描繪世界的。不過從現象上看，此時國際關係的研究發生了大分化，其典範、理論、概念都是多樣性的，研究者越來越意識到國際關係中主觀意志的決定性作用，從而對此學科的信心開始動搖起來。這就為開放的國際關係研究留下了餘地。

主流的國際關係理論在經過孔恩的科學革命理論的洗禮之後，並沒有給人們留下多少寶貴的遺產，在人們反省國際關係理論，批判國際關係理論的同時，知識論問題、合理性問題、基礎主義、現代性和後現代主義等爭論問題逐漸展開，主流理論逐步地為反基礎主義、反本質主義的後現代主義所替代。

二、後現代主義對國際關係的探討

在批判主流國際關係理論中，產生了兩種相仿的探討國

際關係的理論，一種是批判的社會理論，即來自法蘭克福學
派的觀點；另一種是後現代主義的理論，它來自於法國的後
結構主義。

　　批判的社會理論認爲，與傳統理論不同，批判理論主要
是著重於對現存體制的變革要求，使用非科學的方法。因爲，
經驗科學的方法只重視經驗的作用，而忽視了人是全部社會
歷史的生產者。批判理論強調批判方法，把自己置於任何國
家體制之外，是一種保持自身中立的方法。

　　由於受到批判理論的影響，特別是哈伯瑪斯（Jürgen
Habermas）的批判理論影響了八十年代的國際關係的探討，
在國際關係的理論探討中，這類批判理論可以在像Robert
Cox、Andrew Linklater等人的著作與文論中找到。批判的
國際關係理論主要是堅持了以下觀點：第一，認爲主流的國
際關係理論是基於不正確的認識論假定的信念基礎上的，它
把理論看作是眞實世界的反映，而實際上，理論本身並不只
是簡單地提供對世界的描述，不只是在談論與指向某一現
象，而是在建構對象的。因此，國際關係理論不應當去研究
在世界上其世界秩序是否存在的問題，人們如何地在存在世
界秩序的界限內去解決問題等，而是應當研究怎樣才能實現
世界秩序，以及世界秩序轉變的各種可能性。第二，認爲國
際關係的研究是常規性的，它所研究的對象即國際體系中的
秩序是潛在的，不可認識的，不可捉摸的，無論何時去認識
這種秩序，不同的人所得到的是不同的結果，他們的認識一
定是矛盾的，不一致的。第三，批判理論要把人類看作是社

會職能的承擔者，它以這個範疇爲引導，開闢了準確分析社
會行爲的領域。它認爲，對整個社會的預先解釋，總是要進
行基本範疇的選擇的，這是對社會現在怎樣和社會應該怎樣
的先驗的理解，是對人們生活於其中的環境的利害相關的經
驗理解，它用社會實踐關係和主體的地位說明認識的主體，
而不是從科學活動中抽象出理論，然後認爲理論與現實是統
一的。

正如前面所述，國際關係的研究是從人們的價值觀出發
的，國際關係的現實是「文本」，對這個「文本」的解釋只有
撇開一切先入之見，深入到「文本」本身去才是可能的。但
是，理論家們則往往不可能是「文本」的締造者，而是解釋
者，解釋者如果僅從自己的立場出發，顯然不會有令人滿意
的結論。批判理論所謂從中立的角度出發，也就是要把解釋
的背景上升到人類整體利益。

在批判理論之後出現的是後結構主義的國際關係理論。
這種理論在國際關係研究中被稱爲「激進的解釋主義」，其主
要代表人物是J. Derian, R. Ashley，此外，還有R. Walker,
J. Elshtain。他們贊同批判理論的基本解釋。但是，與批判
理論相比，批判理論還承認有一部分事實介入理論研究中，
而激進的採納後結構主義的解釋主義卻連這一點也徹底地放
棄了，它是一種反基礎主義的解釋，不需要任何後設敘事的
指導，它所研究的是國際關係中的互爲文本之間的關係。激
進的解釋主義沿用了德希達的觀點，認爲，當我們面臨所要
解釋的文本時，我們實際上面對的是一個編織之網，文本之

所以成爲文本，是由於各種線索的交織。對這些線索，我們
無法發現哪一條是主導性的，哪些又是非主導性的，我們找
不到這張網的網，也找不到它的邊界。我們閱讀文本是想解
開這張網，可是由於文本的上述性質，我們又無法著手，不
知從何談起。當我們閱讀時，歧義叢生，一環套著一環，這
張網越來越複雜。於是，感到自己無能爲力，文本終究是不
可知的。文本是沒有單一意義的，而是散播的。在理論發展
史上，文本與文本之間存在聯繫，一種文本參照另一種文本。
因此，閱讀文本的方法就只能是批判，只有批判才能發現不
同於別人的東西，才能創新，才能找到空白點與盲點。

　　激進的解釋主義者與批判理論不同的是，它增強了寬容
性，不像批判理論把過去的主流理論看作錯誤的，看作沒有
眞正地關心世界政治的重要問題的。但激進的解釋主義卻完
全地否認了過去理論的認識論標準，並認爲，考察國際關係、
世界政治的最重要問題就在於放棄昔日的標準。批判理論的
目的是想拯救國際關係研究中的現代性，試圖重構啓蒙運動
提出的綱領。然而，激進的解釋主義的目的則是想放棄現代
性，認爲拯救現代性是不可能的，世界政治秩序是不可能存
在的，所有激進的解釋主義的國際關係的理論家們都贊成著
名的李歐塔的論斷「走向對後設敍事的不信任」。

　　激進的解釋主義者認爲，對國際關係和國際政治的研
究，需要一個解構、談話和重構的三重綱領。解構是揭露國
際關係研究中某些隱蔽的東西之手段，是解開封閉了的那些
基本理論和概念的爭論的手段。解構就是要對古典性文本中

的關鍵概念，如國家、安全、權力、無政府等等作重新理解
與閱讀，允許人們想像性地離開現實去思考原先占居支配地
位的話語（這種話語是以統一理解爲前提的），一切現實主
義、實證主義的研究傳統都受到質疑。但是，任何單一的話
語都不能爲我們提供關於實在的清楚輪廓與畫面，只有各種
聲音同時存在，才能擴展我們談話的視野，才能充實我們關
於國際關係的思想。

　　對話 (conversation) 是開放性的，沒有固定程式的談話，
它包括開放性的新問題與開放的談話者。對話是與大多數主
流國際關係理論相反的，它無視對現實的理解，反對單一的
占支配地位的話語。對話的方式不是對傳統國際關係理論的
簡單批判，它是一種理解的方法。正如前所述，若要充實對
國際關係的理解，擴展我們談話的視野，那麼就必須允許無
拘無束的對話。對話者的各種不同聲音構成了對國際關係的
各種不同理解。

　　重構，即是對解構了的國際關係、國際政治問題加以重
新解釋與定義，特別是現代國家之間的關係的形成與發展作
出重新闡述。因爲，拒絕現代性或使現代國際關係的研究發
生解構或加以批判，這並不是拒絕或否認現代的一切要素。
但是，這裡的重構絕不是走向過去、重蹈覆轍，而是拋棄了
範疇的確定性和相信國際關係能解開世界政治之謎的信念，
是折衷主義的重構。折衷主義是唯一能獲得理解的方法。

　　對於國際關係的研究而言，後現代主義意味著我們在探
討國際關係時沒有什麼東西是固定不變或神聖的，意味著我

們面前關於世界現實的研究都僅僅是進行一場對話或語言遊
戲，從而放棄了固定的科學嚴肅方法。放棄傳統方法，將更
有助於對今天國際關係與國際政治的理解。

三、一些邊際化的國際關係理論

　　批判的解釋主義與激進的解釋主義是較爲明顯的後現代
主義國際關係理論。批判解釋主義的代表人物有Robert
Cox，Andrew Linklater，Mervyn Frost等人；而激進的
解釋主義的代表人物有Janoes der Derian，Richard Ash-
ley，Rob Walker，Jean Elshtain等人。除了一些在方法
論上明顯採用後現代主義風格的人可以較明顯地被區分爲後
現代國際關係研究者之外，其它還有一些人則不是很明顯
的。他們的思想或者偏向於現實主義，或者偏向於理性主義，
也有的偏向於馬克思主義。在此，作者將他們當成邊際化、
介於幾種不同理論之間的學者，其思想動態稍有些後現代主
義的也屬此列。

㈠相互依賴論

　　相互依賴論的倡導者是海德利・布爾（Hedley Bull）。
他是「英國學派」的創始人與主要代表，曾著有《無政府社
會——世界政治秩序之研究》（*1977, N. Y.*）。布爾把國際體
系與國際社會的概念作了區分，國際體系是國家之間相互作
用所形成的系統，以國家之間的交往爲媒介，在國家之間的

交往中，一國的行為是另一國外交事務中考慮的必要因素。
而國際社會則是有著共同利益、共同價值觀念、共同規則與
共同運作機制的國家群體所組成的共同體。這個共同體是無
政府的，但卻是有秩序的。這一秩序的存在是由於國際社會
中各個成員有著本質上共同的利益。例如都需要維護安全，
都期望國際承諾或協議得到履行，都需要保護國家主權及領
土完整等等。這些共同利益所以能夠在認識上達成一致，是
由於國家之間持有相互間一致的價值觀。國際關係的友好合
作是人類理性的結果。從這方面說，相互依賴論是屬於傳統
的理性主義的國際關係理論，還沒有徹底地擺脫後設敘事的
指導。

　　但是，互相依賴論在闡述國際規則的存在時，卻帶有後
現代主義的色彩。布爾認為，由於國家之間存在著共同利益，
所以，相互間的交流、合作、理解便成了可能，在此基礎上，
規範國際行為的共同規則也因此而產生了。這些規則可以分
為三類：第一類是承認規則，即肯定國際社會的無政府性
質，強調各自獨立的主權國家是國際社會的主體，是國際權
利與義務的唯一享有者或承擔者。第二類是共處規則，這類
規則確認國家間共同生存的起碼條件包括限制國際暴力衝突
的規則，保障國際協議的規則和維護國家主權與領土完整的
規則。第三類是合作規則，它們規範國家除保證起碼的共處
外，在各個領域裡存在進一步合作。這些規則是建立在國家
之間相互對話的前提上的。之所以說布爾的這些觀點帶有後
現代色彩，是因為，首先，布爾肯定了國際社會的無政府性

質與國際衝突的存在，預設了人類共同利益作爲國際間對話
與合作的基礎，從而在對話、理解的基礎上約定了國際行爲
規則。這些規則是在對話基礎上形成的，是約定的，所以，
一方面，布爾的學說帶有理性主義的傳統，反映了他的思想
與現實主義國際關係理論的聯繫；另一方面，他的思想也具
有革命的一面，反映了一定的自由主義傳統，對任何封閉性
的國際關係理論體系而言，它是開放性的。

　　安德魯・斯科特（Andrew M. Scott）是另一位國家之間
相互依賴理論的代表人。與布爾一樣，他也是從利益爲基礎
來看待國際關係的。他認爲，隨著戰爭作用的下降與各國經
濟的發展與主權的獨立，利益的實質已經發生轉變，國際間
相互依賴使得重新定義國家利益概念成爲必要。全球一體
化、國際大家庭發展的趨勢要求我們用「國際體系爲中心的
利益」來代替「國家爲中心的利益」。因爲國際利益也越來越
多，越來越顯得重要，並經常性地與國家利益相衝突。一國
的對外政策不僅僅只是爲了滿足本國的利益，而且更重要的
是要履行對整個國際體系的甚至整個人類社會發展的義務。
斯科特的主要思想在於他相信國際的政治性交往已促使「國
家主權」概念相對過時，以主權國家爲基本單位的傳統國際
體系已經爲日益頻繁的國家之間的經濟合作、文化交流所替
代。

　　斯科特的相互依賴論與布爾一樣，也帶有激進的革命的
一面。它意味著傳統的國際關係理論已經過時，必須解構，
國際之間不存在核心，而僅僅是以經濟爲基礎，以文化交流

為前提的互相合作關係。它根本上改變了對傳統利益概念的看法，改變了對國家主權概念的看法，是一種邊際化的國際關係理論。

(二)國際政治經濟新秩序論

國際政治經濟新秩序論是在批判傳統國際關係理論過程中一種新的理論之重構，它是一種革命主義的理論。它認為，必須取消幾個世紀以來少數發達國家對世界秩序的支配地位，建立各國之間平等的新秩序。首先，它要求改變大國支配世界政治，控制和干涉小國的不平等的國際政治秩序，用基於各國一律獨立平等、和平共處的實際規則取代霸權政治、以強凌弱的實際規則；其次是要求改變欺凌與歧視少數民族、有色人種的種族秩序，代之以民族之間、種族之間的相互平等秩序，特別是要改變西方優越感的精神狀況。再次，要求改變發達國家在經濟上控制和不公正地對待不發達國家的國家經濟秩序，透過各國政府組成的國際組織與機構共同協商，實行再分配，以此取代自發的市場化的國際經濟體制。

從思想方法上看，國際政治經濟新秩序論克服了以往民族主義、重商主義、傳統的自由主義的理論弱點，其分析方法介於這些理論的邊緣上。從對待倫理原則與客觀實在之間關係的態度上，國際政治經濟新秩序論從國家間正義、民族間正義和國際分配正義三大倫理原則出發，要求在此基礎上建立新的國際體系。這種思想具有全盤創新的特徵。

從國際政治經濟新秩序的革命方面來說，它似乎是站在

後現代主義立場上的，而就其重構國際關係理論、確立新的
基礎而言，又未能逃脫現代的傳統。

㈢世界秩序學派

　　世界秩序學派類同於國際政治經濟新秩序論，它以美國
著名的法學家理查德‧弗爾克（Richard Falk）爲主要代表。
這一理論在目前正在西方國際關係理論界起著巨大影響。這
一理論的宗旨是宏觀地研究當代可能給人類帶來巨大災難的
問題和當今世界存在的不正義問題。災難問題是指工業化社
會的發展所造成的對人類生存的威脅，如核子戰爭、核武競
賽帶來的恐慌、大規模殺傷性武器的擴散、人口危機、資源
危機、生態危機等問題。而不正義問題主要是包括日益擴大
的南北經濟差距的懸殊、國家對個人人權、種族權力的壓制
與破壞。世界秩序論主張從全球政治的高度探討解決這兩大
問題，從而實現人類安全、繁榮、公正等，構造一個能將國
際暴力降至最小、全球公正升至最大、防止資源枯竭、維持
生態平衡、保證人的尊嚴的世界新秩序。

　　世界秩序學派批判國際政治的無政府狀態，同時也批判
國際主權論，主張徹底改變國際體系，把現存的世界秩序改
造成超國家中央集權化和權力分散化相結合的新世界秩序。
世界秩序論把道德、正義、人權、利益等概念的標準加以無
限擴大，從這點來說，它具有明顯的開放性、革命性；這種
擴大使原來以國家爲中心的理解方式得以徹底變革。

　　但是，世界秩序學派卻有著非常保守的一面，它不批判

大國霸權主義，恰恰相反，它卻提出了霸權的穩定性理論。
認為一國或幾國的絕對強大的政治經濟，可以在維護國際正
義方面作出貢獻，兩個或更多幾國的均衡力量可以形成相互
制衡的國際局面，這對國際秩序的穩定將是有利的。這些偏
見又使得世界秩序論類似非常傳統的保守的研究。其兩面性
體現了它的邊際化特徵。

四、對後現代國際關係實踐的分析

　　國際關係中的後現代主義不僅表現為研究方式上，而且
也有某些實踐符合後現代主義定義的實例。這些實例表現為
現今國際關係的不確定性，對傳統的國際關係範疇的否定、
國際政治格局的多樣化趨勢、主權國家的解構以及各國正在
展開的全方位外交等等。冷戰結束以來的後冷戰時代，國際
關係已經改變了原來的定義，其中心發生分離，其格局發生
解體，其趨勢走向不確定，全球在經濟上趨於一體化，地緣
政治加強但已不是狹小的個別民族範圍，大國統一的局面難
以維持，民族分離主義抬頭。

(一)超越疆界

　　冷戰結束後，東西方在意識形態方面的爭論已漸消退，
全球政治經濟發展出現了較輕鬆局面。由於冷戰時期美蘇兩
國的戰爭已使一些小國膽戰心驚，所以，一些弱小民族紛紛
結成地緣聯合體，形成群體國家，跨越自己的疆界。這些地

緣聯合體大都是在政治、經濟、文化等方面的合作基礎上形
成的。例如歐共體、亞太經濟圈。泛美、東盟、泛伊斯蘭地
區等等。從對地緣聯合體的認識來說，在地緣聯合體形成的
根源條件等方面則難以達成共識，各種觀點見解互異，但卻
都有相當的說服力，例如從條件上講，地緣聯合體的形成條
件分析大致有：地理位置的毗鄰及關聯性；社會文化、歷史
的淵源；要素互補性及社會生產分工的可行性；政治經濟制
度及意識形態的可溝通性等。顯然地緣聯合體與過去以某一
兩個中心建立的聯盟，特別是以本國利益為目的，建立起來
的聯盟已經大相逕庭。

　　一方面是跨越國界，模糊國家的概念；另一方面，冷戰
結束後，民族分離主義和地方分離主義推動了現行國家行政
疆界的解構。地方分離主義是一種亞民族主義傾向，是國家
政治走向多元化的一個表現，是一種次級地緣結構。有些地
方分離主義其目的主要不是出於政治的考慮，而是由於經濟
的地緣性考慮。這些分離主義對國家完整、獨立等來說，似
乎是一種反叛性行為，但從後現代主義的思維方式而言，它
是世界政治經濟體系優化重組的表現，是對原先主權國家的
一種否定。

㈡不確定性趨勢

　　由於受國家解構化的影響，原先國家在社會政治、經濟、
文化中的權威性作用逐步減弱。地緣政治經濟聯合體的加
強，使美國的力量相對衰落下去。中央集權政治制度的崩潰，

動搖了穩定資本主義世界經濟關鍵性支柱的基礎。共產主義集團的瓦解意味著出現了雙重挫折：就美國而論，這是一場巨大的地緣政治災難，因為它使美國失去了用以控制日本和歐共體追求其自身目標的唯一意識形態武器；就資本主義世界經濟作為一種歷史制度而論，它是資本主義嚴重危機開始出現的標誌。美國霸權的時代已經過去了，世界的新秩序又未形成，西方人普遍認為，現行的變革將導致國際體系向國際社會的轉化。

(三)多樣化的世界格局

冷戰結束以後，原來的兩極霸權時代已經過去，目前正處於一個新的極化的過渡時期，各國的內外政策和國際關係正經歷著規模空前廣泛、影響極其深遠的歷史性大調整。各大國之間的關係在不斷發生變化。世界多樣化趨勢漸漸明朗。

在世界多樣化過程中，美國仍處於居高臨下的大國地位，但作為超級大國的地位已經喪失，它到處碰壁，將來的發展至多也只是地緣聯合體的一個領頭羊而已。俄羅斯在經歷蘇聯解體的陣痛之後，現在在重振雄風，已漸顯其大國地位。歐盟的影響力越來越大，在歐盟中，德國的經濟實力比任何一個成員國都要大好幾倍，為防止德國重複第二次世界大戰時的野心，英法攜手與德國抗爭。日本的經濟實力居亞洲之最，並日益成為美國的對手，國內政治正在為確立日本的世界大國地位而努力。中國也加強了同周邊國家的關係。

亞洲政治穩定，經濟發展迅速，將會形成全球發展最快、實力最強的亞洲經濟圈。廣大發展中國家的作用將不斷增強，逐漸促使南北關係發生重大變化。在多樣格局的世界上，發展中國家將擁有更多的機動餘地。

可以預言，冷戰後多樣化趨勢的不斷發展，新的世界格局將逐步形成。二十一世紀將會是一個多樣化的世界。

㈣全方位外交

冷戰結束後，特別是隨著經濟因素在國際關係中的作用的增強，全方位外交成爲發達國家和發展中國家的共同選擇。前蘇聯的東歐諸國，尤其是新獨立的國家，出於自身發展與爭取世界地位的需要，經歷了從「一邊倒」到全方位外交轉變的過程。由於利益觀、價值觀的變化，由於軍備競賽時代的結束，對於想立足於世界之林的任何國家來說，全方位外交一般是不可避免的。主要原因是：第一，各國之間的經濟合作、文化交流日益增多，國家之間的相互依賴、相互制約、相互影響得到加強與認可。第二，全球一體化趨勢要求各國外交必須是全方位的，只有全方位的外交才是較具有生命力的。第三，冷戰給人們造成的心理創傷已經給人們啓迪：依賴於某一兩個大國的外交是不可取的，今天的外交應當走中間路線，美國的衆叛親離已經爲我們作出了論證。全方位外交也將是一種「中國路線」的結果。因爲，對話的機會是開放的，它肯定不能預先得出結論，對話是雙方的，互相理解的每一部分都必須是對世界的某些方面的認識，所

以，折衷主義往往是唯一獲得相互理解的方法。

　　正如同丹尼爾‧貝爾所提出的「後工業社會」概念一樣，在當國家發展步入後工業社會領域時，國際關係也隨之進入後現代領域。在這樣的一個時代裡，去中心、差異、解構是普遍現象。因此，國際關係領域必然也會受到波及。但是，迄今為止，除了一些套用後現代方法的學派外，還不存在完全後現代的國際關係理論。而從國際關係的實踐看，已有一些後現代風格或特徵的現象存在。至於國際關係理論如何發展，我們還很難預見。可以肯定，後現代性特徵將漸趨明顯。然而，科學研究畢竟已經歷了幾百年，其實證主義的研究方法不可能被完全取代。所以，國際關係的研究仍將受到國際關係實踐的制約。

參考書目

1. 亨利・基辛格，〈重新思考世界新秩序〉（基辛格《外交》一書的片斷），載《戰略與管理》（北京），*1994*年第*3*期

2. Hedley Bull, *The Anarchical Society: A Study of Order in World Politics,* London and New York, 1977

3. W. Rosenau and Ernst-Otto Czempiel (eds.), *Governmence Without Government: Order and Change in World Politics,* Carcbridge, 1992

4. Charles W. Kegley and E. R. Wittkopf (eds.), *World Politics: Trend and Transformation,* N.Y.1993

5. Richard Falk, *The Promise of World Order,* Philadelphia, 1987

6. Joe Doherty, Elspeth Graham and Mo Malek (eds.), *Postmodernism and the Sociel Sciences,* Macmillan 1992

7. Sheldon. S. Wolin, *Paradigms and Political Theorizs,* in Gary Gutting (ed.), *Paradigms and Revolutions,* Indiana, 1980

第十章

後現代科學

到目前為至，已經有越來越多的人談論後現代科學。可以這樣說：在所有後現代文化形式中，後現代科學是最早出現的，特徵最為明顯的。早在本世紀初，自然科學的發展，特別是物理學的發展，就已經使統治了三百年之久的經典的科學理論在性質上發生根本變化。而緊接著的量子論、天體物理學的誕生，則使決定論的世界與非充分決定論的世界兩個冤家聚頭。人們很輕易地發現，依賴原有的理論——經典力學甚至相對論，已經無法滿足對整個自然界探求的需要了，新的反對基礎主義的科學觀正以強大攻勢衝擊著現代科學。

一、廿世紀的兩次科學危機

整個二十世紀，是科學向傳統理論挑戰獲得迅猛發展的時期。在這個時期內，存在著兩次科學危機，第一次是由於愛因斯坦相對論理論的形成，特別是其質能轉換定律、「思想實驗」概念引入物理學等，導致了「物理學的危機」。第二次

是胡塞爾（E. Husserl）所指出的「歐洲科學的危機」，表現
爲科學觀念被實證地簡化爲純粹事實的科學，表現爲「科學
喪失其生活意義」。不過，胡塞爾的「科學危機」只是第二次
科學危機的發端，其眞正的意義是後現代主義科學對現代科
學觀的全面批判與摒棄。

㈠「物理學的危機」

　　著名的法國物理學家彭加勒（Jules Henri Poincaré）曾
在他的《科學的價值》一書中認爲，十九世紀與二十世紀之
交的物理學有發生嚴重危機的跡象。這一危機不只是由於鐳
這位偉大的革命者推翻了能量守恆定律，而且是整個物理學
的其它理論都遭到同樣命運。由於電子運動力學的形成，計
算電子運動速度與質量出現了不可思議的問題。因爲電子的
運動速度可以與光速相比較，達到了光速的三分之一，所以，
衡量電子的質量必須克服電子的慣性，而從實在的力學基礎
上的質量來說，電子的質量等於零。因此，二十世紀初的物
理學家們紛紛認爲，質量消失了，力學的基礎毀壞了。

　　在1905年，愛因斯坦這位現代最偉大的科學家創立了他
的著名的狹義相對論，對彭加勒所指出的質能轉換問題作出
了科學的理解。但是，狹義相對論本身又是那麼地難以理解，
尤其是愛因斯坦借助於「思想實驗」來說明「同時性」概念，
並且在兩大前提——光速不變和自然界任何物體的速度都
不能超過光速的基礎上確立起了他的其它理論。從而使擺在
我們面前的物理學的舊理論成爲一堆廢墟。從愛因斯坦的理

論中，人們已經看到了一個「懷疑的時代」的到來。現象學創始人胡塞爾在《歐洲科學危機與超驗現象學》一書中，對這個時期的科學危機作了以下評論：「十九世紀與二十世紀之交，對科學的總估價出現了轉變，我們就以此為出發點。……在十九世紀後半葉，現代人讓自己的整個世界觀受實證科學支配，並迷惑於實證科學所造就的『繁榮』。這種獨特現象意味著，現代人漫不經心地抹去了那些對於真正的人來說至關重要的問題。只見事實的科學造成了只見事實的人。」（《歐洲科學危機和超驗現象學》第5—6頁，上海譯文出版社1988，張慶熊譯）

愛因斯坦不僅在物理學界形成了全新的思想方式，而且也有力地批判了現代機械論的錯誤，清除了機械論在現代科學中的影響。因為，在牛頓看來，存在著絕對時間和絕對空間、絕對速度這樣的量，以及認為整個絕對空間瀰漫著一種以太質，因而是和宇宙中有一個絕對權威的觀察者的見解聯繫在一起的。同樣，在後來所有的以太學說中，原則上都有一套權威的體系和觀察者，它們在宇宙以太介質中靜止不動。因為，在理論上，他們能測量運動物體的絕對速度。然而，邁克爾遜·莫雷（Michelson Moray）實驗卻表明，在一個運動體系內是不能被處在這個運動體系內的觀察者測量到的。所以，他們根本無法決定其體系內的絕對速度，光學的定律和各種電磁現象是不受絕對速度的影響的。由此可見，一個物體的絕對速度是無法知道的。而且，絕對空間和絕對時間的框架，包括組成這個框架的物質以太都是不必要的。

而在愛因斯坦看來，任何速度和光速合在一起所產生的結果都是一樣的，即光在眞空中速度不變，一個觀察者所測量的物體相對速度永遠不可能超過光速，一個想像中的比光速更快的速度原則上無法用光訊號使人察覺到。當物體的運動速度接近光速時，不斷加力會增加物體的質量，力以質量的形式把能賦予物體，能與質量是等值的（E＝mc²）。

在1915年愛因斯坦創立的廣義相對論中，愛因斯坦研究了加速運動。他認爲，引力場與加速度是等值的，對物體加速度運動的判斷是和相對觀察者的立足點而言的，任何引力場都可以歸之於一種相對的加速。就如同一個靜止電梯中的觀察者，對物體以加速度落在地板上的事實，說不定會得出電梯以加速度上升的結論，就如同電梯是由機械力推動透過不受引力場影響的空間一樣。同樣，如果讓電梯自由降落，電梯中的觀察者說不定會以爲自己處在眞空中不受任何機械力或引力的影響，因爲物體始終懸在半空中。而在電梯外面的一個觀察者在前一種情況下將會認爲電梯處於靜止狀態，在後一種情況下則會認爲它在以加速運動降落。在廣義相對論中，愛因斯坦還論證了引力場裡的彎曲和引力場中光的紅移現象。

所有這一切，都是對現代機械論的批判。在愛因斯坦相對論看來，牛頓的經典力學僅僅是一種特例。整個以往的科學也都存在著這樣那樣的問題。物理學發生了危機，相對論以新的理論、新的思維方式出現在人們的面前。

㈡「歐洲科學的危機」

　　1982年出版的胡塞爾的《歐洲科學危機和超驗現象學》
認為，本世紀經濟大危機時代也導致了科學的危機、政治的
危機、人性的危機。胡塞爾把危機看成是一場疾病，三十年
代的歐洲正在患病，很多社會科學都試圖成為治療這場疾病
的醫生，但他們卻尋找不到病因，總是開出錯誤的處方。因
為，人文科學長期來受到錯誤的哲學觀念的指導，實證主義、
懷疑論、非理性主義阻撓著歐洲人治療他們社會的疾病。

　　胡塞爾斷言：科學業已陷入危機，科學沒有可靠的基
礎，科學不能通過自己的努力克服困難。因此，科學需要一
種基礎牢固的哲學。胡塞爾認為，科學是一個歷史概念，它
並不等於現代物理學和以現代物理學為基礎的科學。自古代
希臘的時候起，科學就已經形成並存在，雖然那時科學不夠
發達，但那時的科學觀是全面的，它以理性的方式研究普遍
的存在為己任。文藝復興時期和十八世紀的科學觀也是全面
的。但十九世紀以來，則迥然不同了，實證主義的科學觀開
始盛行起來，實證主義限制了科學的任務，科學觀被簡化為
純粹事實的科學，科學喪失了生活的意義，科學完全捨棄了
主觀方面的問題。如果科學只承認一切具有客觀內容的精神
為真理，那麼人的存在在真理問題上還有什麼意義呢？

　　胡塞爾的觀點反映的其實是哲學的危機，是現代科學觀
的危機，即科學的發展已經與哲學原則相衝突。胡塞爾關於
歐洲科學危機的理論意義在於他天才地揭示了後現代科學觀

的萌芽，但由於當時沒有「後現代」這一概念，所以胡塞爾不能自覺地概括出後現代主義科學觀的總特徵。

二、後現代意義上的科學

愛因斯坦相對論與非歐幾何學的新發展，雖然是對牛頓理論與歐氏幾何學的批判，但也只是現代科學發展的一個方面，我們還不能說它們從根本上實現了現代科學觀的變革。後現代科學與現代科學相比較，它並不在於對經典力學的批判，而是在於愛因斯坦相對論形成之後所出現的某些反現代主義特徵的發展，例如，嚴格的決定論與非決定論之間的對立，局部之間的聯繫與非局部性聯繫之間的區別，連續性與非連續性之間的區別等等。雖然我們可以說，愛因斯坦相對論是從現代科學走向後現代科學的橋樑，但是，愛因斯坦相對論卻仍然是嚴格決定論的，是研究宇宙中相互聯繫的連續性現象。然而，愛因斯坦相對論之後所出現的量子理論、宇宙結構學說、反進化論等等，則明顯地表現出了後現代性特徵。因此，也被稱為後現代科學。

(一)量子論中的後現代性

按照經典力學的觀點，物質含有很多小的而且沿確定路線運動的粒子，粒子之間的空間不是沒有特性的，它被電場、磁場等各種場充斥。兩個荷電粒子間的電磁相互作用不是瞬間發生的，而是由傳播速率等光速的電磁波將相互作用從一

個粒子傳給另一個粒子。光是一種電磁波，各種無線電波也是電磁波。這種觀點一直沿續至十九世紀將要結束的時候。

　　但是，正是在十九世紀與二十世紀之交，若干科學領域裡出現了涉及粒子的不連續變化的理論。而過去這些領域裡則是連續物質和連續變化的觀念占統治地位的。這些學說是由一群德國物理學家建立起來的，它是一場物理學的偉大革命。

　　上世紀末，對電與電磁輻射現象的研究取得了驚人的成就，有了突破性的進展，特別是對黑體輻射現象的研究，動搖了光的波動說，德國的麥克斯‧普朗克（Max Planck）認為，如果黑體輻射是由量子不斷地發射出，而一個量子的能量是和輻射頻率成比例的，那麼低溫就有利於接近光譜紅端的長波發射。因為，量子的能量較小，但在高溫時，由於更多的能可用，就有利於發射短波長的較大量子。普朗克的量子論在1905年被愛因斯坦用來解釋與原子熱守恆法則產生的差異，並說明了金屬曝光時發出電子的現象。他還設想，光是以粒子的形式在空間中傳播的。

　　普朗克的量子說背離了經典理論，他提出了能量不連續的新概念，推導出了普朗克公式。這些理論揭示了自然現象中存在的不連續的量子性質。這種理論標誌著物理學史上的一場偉大變革的開始。後來愛因斯坦根據普朗克的學說，提出了在空間中傳播的光也不是連續的，並提出了光量子概念。

　　普朗克的量子假說在二十年代被玻爾（N. Bohr）成功地

應用於原子結構，建立了量子化的原子模型。1925年，布羅
意（Louis de Broglie）認為，物質以及輻射應當既具有粒子
性質，也具有波動性質，從而發展了光具有波粒二象性的思
想。1926年，薛定諤（Erwin Schiodinger）從布羅意的物質
波理論出發，建立了波動力學，提出了薛定諤方程。與此幾
乎同時，海森堡（Werner Heisenberg）創立了矩陣力學體系。
在薛定諤的理論中，電子不再是沿固定的軌道運動了；海森
堡則表明，一個電子的動量和能量並不能同時得以確定，這
就是他著名的「測不準定理」。如果我們要準確地測量一個電
子的位置，就得使用波長很短的輻射，但這種輻射就會包含
有高能量子，由於碰撞就會改變電子的動量和能量。同樣，
要測量一個電子的動量，我們得使用低能量子，這類量子的
波長很大，因此，電子的位置就會相應地不準確。

　　量子力學的這樣一些行為已經大大地超越了相對論對經
典力學的背叛程度。

　　量子論之所以是後現代科學之一，在於：第一，量子的
所有行為或運動都可以在一個非連續的、不可分的、被稱之
為量子的單位中被發現。在量子論中，電子是從一個軌道直
接跳躍到另一軌道的，而機械論的核心觀點是粒子的連續運
動；這一點已深深地受到了量子論的質疑。量子論對運動的
理解完全持相反的態度，就連最平常的運動也被看成是由非
常微小的、非連續的運動構成的。第二，量子論認為，物質
和能量具有一種雙重性，它們既像粒子，又像波。至於其究
竟像什麼，必須在實驗中才能相對地確定，在它所處的語境

中才能相對地確定。推而廣之，事物的性質依賴於語境。這一思想也是與機械論相悖的。按照機械論，粒子就是粒子，無論它處於什麼樣的環境中。第三，量子論強調非局部性聯繫，在一定範圍，事物可以與任何遠距離的其它事物發生聯繫，而不需要任何顯而易見的力量運載這一聯繫。這種思想與愛因斯坦相對論是相對立的，與機械論也是相矛盾的。第四，量子論認爲，整體可以組織部分，特別是生命有機體，我們可以發現，整體的狀態可以組織有機體中的各個部分。

　　量子物理學被稱爲「後機械論的物理學」。然而，實質上，後機械論的物理學包括了相對論，但相對論與量子論兩者還是有很大區別的。

(二)天體物理學中的後現代性

　　十九世紀以來的天文學是一部證明宇宙起源、演化歷史的科學，光譜分析在天文觀察中的運用和攝影技術的運用，使恆星系的大小、它們的相對速度和相隔的距離，變得可以測量，從而爲宇宙的歷史提供了一個時間尺度。光譜分析與黑體輻射理論的運用，使星體表面的溫度可以測算，人們可以根據恆星的亮度來對恆星加以分類，從而測定恆星的年齡。而黑體輻射理論則根據光輻射的顏色、強度來衡量恆星前進或運行的速度。

　　在天文學中，由於星系的前行與退行的問題，引發了宇宙的大小、有限與無限的問題。但是，對宇宙過去的時間的計算卻很不一致。因爲，對宇宙時間的計算，所依賴的是各

種特殊的宇宙學說，即依賴於這些學說是歐幾里得幾何學的
抑或非歐幾里得幾何學的、是有限的還是無限的、是膨脹還
是靜止的等等。整個二十世紀的宇宙學說都是基於一個傳統
上的，即企圖以一種宇宙連續區來解釋自然現象，宇宙學所
採用的是幾何性的時空連續區。

　　1917年，愛因斯坦在創立了廣義相對論後，提出了有限
無邊的宇宙模型。他設想，宇宙可能有一個有限的體積，但
是沒有固定的邊界。這種情形可以從設想三度空間就像一個
二度空間的球面而領會出來的，因為球面有固定的面積，但
沒有邊界，球面所有點的面積都是相互對稱和等值的。因此，
球體空間內物質的單位體積將全是一樣的，而且不會像歐幾
里得空間的有限宇宙中的粒子有處於特殊邊緣的情況。正因
為沒有特殊的邊界，所以，愛因斯坦宇宙裡的所有觀察者都
是同等的。這種理論畢竟比牛頓時代的天文學進了一步。

　　但是，愛因斯坦的宇宙模型並沒有統一宇宙學說，多種
宇宙學說的相互對立的局面並未得到緩解。由於缺乏一個觀
測標準在各種可能的宇宙模型中作出抉擇，所以，像愛丁頓
（Edington）這樣的學者便認為，科學家好比一個漁夫，漁夫
打魚的魚網只能捕獲不能穿過魚網網眼的大魚。

　　愛丁頓和米爾恩（E. Milne）都對長度的測量作了研究，
特別是米爾恩，他採納了宇宙內所有觀察者都處於同等地位
以及光速對這些觀察者總是等效的見解。他表明，長度的測
量可以改為測定光走過這些長度的時間，從而取消愛因斯坦
和愛丁頓在進行空間測量上認為不可缺少的剛性量桿。長度

的測量因此而依時間的測量來確定。米爾恩認為，在觀察遙遠的天體時，我們必須承認一個事實，即它們的位置愈遠，它們發出的光在宇宙的歷史上的起程也就愈早。今天，我們看見的較近星雲的光約在一百萬年前發出，而遙遠的星雲的光則大約是五億年前發出的。因此，為要獲得一幅宇宙在同時間內的圖畫，我們走得越遠，就愈來愈需要改正時間上的落後。但是，所用的改正要看採用的時標而定。因此，採用不同的時標，就能夠構成不同的宇宙模型。

迄今為止，有關宇宙模型的觀點已經有：大膨脹理論、連續創造理論、穩恆態理論、循環振盪學說等等。但是，任何一種學說都揭示了宇宙是演化的，每一種學說都建立在超經驗的基礎上，或者說是建立在非經驗、半經驗的推測基礎上。天文學涉及的宇宙之大小、宇宙的歷史等問題時，已經大大地超出了實證科學的能力。我們很難斷定現代天文學具有多大的真理性。

近二、三十年以來，由於天文觀察中3°K背景輻射的發現，已表明在昊昊宇宙中存在著「黑洞」現象。黑洞是一種極度塌縮的物質，它的密度異常地大，是極致密的；引力也異常大，它周圍的物質均被其吸引入，甚至連光也進而不出、有去無回，它周圍的光線是彎曲的，時間是靜止的。但是，這一切都只是以愛因斯坦的相對論推測出來的，至於這種極度塌縮的極致密物質將會如何發展演化，今天仍然不可言說。如果周圍的一切物質都被這個黑洞所吞噬，那麼最終又會導致什麼樣的結果呢？如果時間是靜止的，那麼它又何以

言發展與演化呢？

　　由這樣的推斷我們可以發現，當今天文學的情形正非常適合後現代主義的某些特徵。就像羅逖、德希達所說的「哲學是一種文學」、「科學是一種文學」一樣。今天的天文學也如同文學，它的學說與觀點往往在結合其語境時才能得以理解與確定。而且，即使在一定的語境中，對某些天文現象及存在問題的解釋也還是不確定的。

三、後現代科學方法論

　　西方人的思維歷來是自我否定的。隨著現代科學方法論與科學哲學的發展，它的後現代形態也日益明朗起來。後現代的科學哲學與科學方法論的形成，是對現代科學哲學與科學方法論的否定。

　　自從本世紀二、三十年代維也納學派（Vienna's Circle）鼎盛以來，科學哲學一直與當今時髦地稱作現代性的策略糾纏在一起。以維也納學派為中心的邏輯實證主義其基本的調子是統一科學，其基本的方法是形式主義的、證明主義的。正如同二十世紀初實證主義盛行時，人們興高采烈地迎接孔德的「實證的時代」的到來一樣，邏輯實證主義哲學家也因尋求客觀真理與形式真理而遭到歷史主義科學哲學家孔恩、費耶阿本德（P. Feyerabend）的批評，但他們卻從一極走向另一極。孔恩、費耶阿本德大肆宣揚科學是主觀性的、是由人們的信念所維繫的建構的理論；科學理論沒有前後相繼的

歷史，理論之間是不可通約的，理論的發展不是累積性的，而是以科學革命的方式以一種理論典範（paradigm）取代另一理論典範。孔恩認為，科學革命意味著科學家們世界觀的轉變，意味著科學信仰的改變，這種相對主義使科學喪失了客觀性原則。

　　繼孔恩歷史主義科學哲學之後，以普特南為代表的科學實在論再度否定了歷史主義科學哲學，而反實在論又在鬥爭中產生，尤其是兩派在對量子力學的解釋上，形成了各種各樣爭論不休的觀點，科學實在論維護以愛因斯坦為代表的科學觀，認為成熟的科學理論具有高度的真理性，科學的發展是趨真的，科學理論的術語是有所指的，並且其所指是客觀地存在的。科學實在論的觀點顯然肯定了量子現象的客觀實在性。而反實在論則維護哥本哈根學派的科學觀，它贊同海森堡、薛定諤和玻爾對量子力學的解釋，主張量子的存在與理論術語的所指是兩回事，理論「說什麼」並不意味著實際上「存在著什麼」，理論的發展不是累積性的，理論能成功地解釋或預見事實並不等於說這個理論就是真理，整個科學史的發展充分地證明，科學理論無一是真理。

　　歷史主義科學哲學與邏輯實證主義、科學實在論與科學反實在論之間的爭論，以及整個二十世紀的哲學爭論，逐步地使一批哲學家感悟出一個結論，即哲學上的爭論由於找不到一個評判的標準而最終是只開花不結果實的，科學哲學要尋找科學的總方法、尋找科學發展的規律性也是不可能的。1970年，費耶阿本德創造了他的反規則，呼喊「科學哲學是

一門有偉大過去的學科」。他認爲，科學惹人注目、嘩衆取寵
而又冒失無禮，只有那些已經決定支持某一種意識形態的
人，才會認爲科學天生就是優越的。(《反對方法》) 他批判齊
一性的思維方式與從衆心理，認爲科學並非是人們認識世界
中唯一的最好理論，理性與非理性是處於同等地位的。1987
年，他又進一步走向極端，提出了「告別理性」(「Farewell to
Reason」, N. Y. 1988) 的口號，表示了對當今文化危機的看
法，對趨向自然、社會和科技的齊一性觀點表示不滿。

　　主張消解科學哲學、消解科學在人類知識中的權威地位
的觀點者還大有人在。這些人的思想我們一般稱之爲後現代
科學哲學家。七十年代末、八十年代初，范‧弗拉森 (Van
Fraassen)、法因 (A. Fine)、麥深泰勒 (A. Macintyre) 等人
對科學哲學中的形而上學傾向作了淋漓盡致的批評。第一，
反對基礎主義和本質主義。范‧弗拉森認爲，我們的認識或
決策的唯一輸入訊號是我們的意見而不是事實本身。法因也
認爲，科學實在論與反實在論的爭論是同一台演出，各個演
員都只是爲誰演得最好而爭論不休。我們不妨引一段他在《動
盪的遊戲》中的話來加以說明：「讓我用一種比喻把我的思
想作一概括。實在論與反實在論好像把科學當作了場面雄壯
的表演，一齣戲或歌劇，它的表演需要演奏和指揮，而這些
人之間則爲誰『演奏』得最好爭論不已，……假如科學是一
場演出，那麼，它也是一場觀衆和演員的同台合作，解釋表
演節目的說明書也是整個節目的一部分。……劇本永遠不可
能完善，任何過去的台詞都不可能決定以後的演出」(The

Shaky Game, Chicago 1986, P148)。法因認為，從總體上要
肯定科學認識的真假、好壞是不可能的，這是因為沒有一個
固定不變的基礎能夠與科學認識形成對照，作為該理論檢驗
的標準。於是，法因便提出了用「自然的本體論態度」(The
Natural Ontological Attitude) 來代替科學實在論與反實在
論，他認為，科學並不神聖，所謂的真理也只不過是一些真
理「販子」們虛構出來的。

　　第二，把現代西方科學哲學當作形而上學加以摒棄。後
現代科學哲學家們認為，要建立一個總的科學方法論體系是
不可能的，建立一種適合當今科學實踐的科學哲學也是不可
能的。科學理論僅僅是關於實在世界的假設，是科學家們進
行科學語言遊戲的產物。在現代主義看來，科學從哲學中得
到了解放，哲學則從宗教中獲得了自由。但是，今天的人們
已經把視線放在比現代主義更寬廣的領域與思想境界中，排
除了現實主義、理性主義。特別是當量子力學出現以來，後
現代主義從決定論的框架中掙脫出來，從因果聯繫中走向更
靈活多變的考慮，科學哲學家們對一切理論都持懷疑的態
度，人們敢於向經典理論、向愛因斯坦的相對論挑戰，敢於
向達爾文進化論挑戰，把進化論與宗教看作同樣必須以假設
為前提的理論。一切科學的原則崩潰了，所適應的是無拘無
束、放蕩不羈的創造，是科學的遊戲。按照後現代主義的科
學觀，人構造著世界，理論是代表世界的，只要理論得到豐
富，世界也就會呈現出豐富多彩的現象來，而理論的豐富靠
的是科學家們的想像與創造。我們說發現了真理或創造了真

理，那是冒險的賭博，最終的結果往往是失敗。而我們說每一理論都只是假設是比較穩妥的。

第三，後現代主義科學哲學把「意見一致」看作是批判意識的降低。在今天的科學文化中，不一致的觀點與看法已是越來越多，科學活動的發展越來越快，原有的科學理論越來越不能充分地解釋世界。所以，人們對科學理論的懷疑也越來越多。費耶阿本德認為，當今的科學研究是無政府主義的，傳統的科學限制了人的理智開放性，而當今的科學理論是可以開放性地交流的。民主的判定往往高於專家的意見。意見一致是政治的結果，不是科學探討的結果，是共同的偏見，而不是說明該理論的正確。科學既需要專家，也需要業餘愛好者。

今天的科學形象絕不是五十年前的「科學即真理」的形象，科學存在那麼多的問題，它並不是人類文化成果中最優秀的，任何論證都不能確立科學的優越性。因為，對每一位科學家來說，他只研究那些他自己認為重要的問題，並且只使用他認為是正確的科學研究程序。一旦我們回顧科學的歷史，就會自覺地意識到科學的權威性地位，科學的優越感是來自政治、制度，科學與其它社會科學一樣，也是一種意識形態。一旦我們消除了這種意識形態的外殼，那麼科學便會得到更快的發展，就會更加豐富與充實。後現代主義的價值與實際意義也正是在於此。

或許我們在若干年之後，可以感覺到我們現今的時代是一個過渡時期，我們破壞了現代文化的基礎，破壞了現代科

學的支柱理論。但是，後現代主義卻影響著人們的靈魂，它改變著人們的思想方式，促進了人類的平等與和平，它在表面上雖動盪不定，而其實質卻是營造寬容、忍耐、自由與平等。

參考書目

1.斯蒂芬. *F*. 梅森 (*S. F. Mason*)，《自然科學史》「第六部分」，上海人民出版社，*1977*年

2.*K. R*. 阿特金斯 (*K. R. Atkins*)，〈自然科學基礎〉第一冊《物理學》，符知微、陸水發譯，科學出版社，*1984*年

3.彭加勒 (*J. H. Poincaré*)，《科學的價值》，李醒民譯，光明日報出版社，*1988*年

4.蓋莫夫 (*G. Gamow*)，《從一到無窮大》，暴永寧譯，科學出版社，*1978*年

5.胡塞爾(*E. Husserl*)，《歐洲科學危機和超驗現象學》，張慶熊譯，上海譯文出版社，*1982*年

6.費耶阿本德 (*P. Feyerabend*)，《自由社會中的科學》，蘭征譯，上海譯文出版社，*1990*年

7.P. Feyerabend, *Farewell to Reason,* London, 1987

8.A. Fine, *The Shaky Game,* Chicago, 1984

9.Van Fraassen, *The Scientific Image,* Oxford, 1980

第十一章

後現代大學理念

一、歷來之大學理念

一般而言，大學的發展，約略可劃分爲三個階段，即古代大學 (ancient university)、中世紀大學 (medieval university) 和現代大學 (modern university)。大學的起源，雖可以上溯自古埃及的高等學府、希臘雅典時代的大學或中國古代的國子監或太學，然而學術界所公認的大學之母，則是歐洲中世紀的大學，尤以法國的巴黎大學、義大利的波隆那 (Bologna) 大學、英國的牛津、劍橋大學爲著名，堪稱中世紀大學的代表 (林玉体1993：196-7)。中世紀之後陸續出現的現代大學，率多爲這些「母大學」(mother university) 所衍生。

大學之出現，從誕生到現在，歷來即有所謂關係「大學之理念」(the idea of the university) 的學說與主張，大學之發展，長久以來即伴隨著「大學理念」之發展，大學若譬喻爲人體之骨架，大學師生則爲人體之血肉，而「大學理念」

便是人體內之精神了；人之精神含攝其骨架與血肉，「大學理念」則維繫並主導大學之進展，而一國的教育政策 (education policy) 則又與其社會所抱持之「大學理念」息息相關。

(一)古代暨中世紀以來之大學理念

　　古代最早有關大學理念之主張，當推中國先秦時代老子與孔子 (約當西元前第六世紀) 二氏對於教育所闡述之學說。老子與孔子二氏不同的主張，為後世樹立了兩種不同的理論派別。老子的教育理念為「求知派」的代表，主張學習本身是為了瞭解，強調個人的教化 (cultivation)；孔子的教育理念則為「社會派」的代表，認為教育是一種使個人和社會整合的過程，知識之獲取 (不在個人本身之教化)，是為了社會和諧之故。老子的理論，後來成了「博雅」(liberal) 論者的依據；孔子的說法，以後則演變為「職業」(vocational) 說者的源頭 (Allen 1988：15)。

　　西方最早關於大學理念之討論，見之於柏拉圖的著作中，柏拉圖主張個人之所以接受商業教育，是為了創造理想的社會之故 (他名之為「理想國」或「共和國」)，個人接受教育有助於其臻至「內在的快樂」，而滿足的公民所造成的和諧的狀態，可適切地扮演他們各自的角色，使得國家因此而獲利。柏拉圖的教育理念可和中國的孔子相互輝映。

　　另一種不同的主張，則以稍後的亞理斯多德為代表。亞氏反對上述那種「職業式的教育觀」，認為教育的最終目標在使人享受閒暇，理性是人行動的主導者，而人之行動最好是

能和閒暇相配合，或者有助於眞理的追求，自由之人不值得
爲功利去做那種「職業式」的學習、研究。此一觀點則近似
老子。

中世紀的基督教社會，不少現代意義的大學相繼出現，
有關大學之理念，自然難脫當時濃厚的宗教氣息。大體上言，
中世紀之大學理念，可謂是「基督教之大學理念」，在其理念
中，認爲現世生命之重要性不如來世，人對於來世生命之信
仰，取代了對於現世生命之依賴，教育被認爲是藉由信
（faith）、望（hope）、愛（charity）之教誨而獲得拯救的一
種手段。惟到中世紀後期，關於大學之理念，則衍生爲底下
這種看法，即認爲高等教育之目標在於追求眞理與知識，因
而大學本身便被視爲一種有助於知識提昇和學術訓練的體制
（15-6）。

中世紀之後的文藝復興時期，有關大學教育之主張乃一
反前此之說，教育之最關切者不在職業技術和傳授，而在於
心靈的訓練（the training of mind），這是博雅主義者的理
論。另一個抨擊中世紀大學之教育理念的說法，則來自宗教
改革者馬丁路德（Martin Luther）的主張，他強調個人俗世
職業的重要，並認爲高等教育應配合個人的職業需求（16）。

近世以來，除了蒙田、培根、伽利略、洛克等人有關於
大學教育之主張外，最爲重要者首推盧騷。盧騷之教育理念
見之於《愛彌兒》一書，他不贊成教育之目的在培養、塑造
一個良好的公民，反而強調個人之成長與發展的重要性。盧
騷關於教育之理論，對於十九世紀以來教育思想家所揭櫫之

大學理念，有著很大的啓示。

(二)現代之大學理念

　　現代大學理念之闡揚，首見於十九世紀的英國學者紐曼
(John H. cardinal Newman) 於1852年所出版的《大學的理
念》(*The Idea of a University*) 一書 (*1959*) ❶；二十世紀
以後，繼之有嘉樹 (Ortegay Gasset)、雅士培 (Karl Jaspers)
及克爾 (Clark Kerr) 等人陸續提出主張。茲分別簡述如下：

1.紐曼

　　紐曼認爲大學是一種「博雅教育」(liberal education)
❷，所謂「博雅教育」要予以確切的界定，恐有所困難 (Allen
1988：17)，然依紐曼之意，博雅教育之目的則是相當清楚的，
那就是對於「心靈之訓練」(to train the mind)，「經由這種
教育的訓練，可以養成一種心靈的習慣 (a habit of mind)，
這種心靈習慣貫穿了生活，而其屬性則爲自由、公平、沈著、
穩健與智慧」(Newman 1959：30-1)，簡言之，紐曼認爲大學是
一個培育紳士的地方，而其所培育之紳士係指「通達而有修
養與識見之文化人」。

　　因此，紐曼極力反對當時的兩種教育主張，一是邊沁
(Jeremy Bentham)、彌勒 (J. H. Mill) 等功利主義派的教
育哲學，另一是德國學者將大學視爲研究機構的說法。大學
本身既不是「職業訓練所」，也不是「研究中心」，他說：「如
果大學的目的在科學的與哲學的發明，那麼，我看不出爲什

麼大學應該有學生。」；學者金耀基即認為紐曼的大學理念顯然是「教學的機構」，是培育「人才」的機構，其教育思想影響英國教育甚鉅，亦是十九世紀牛津、劍橋大學之教育蘄向（金耀基1983：5）。

2.嘉榭

嘉榭是著名的西班牙形而上學教授，其《大學之使命》（*Mission of the University*）一書出版於1930年。當時，西班牙的大學所擔負的兩種功能為：為學生提供職業的準備以及完成科學的研究。他對此深表不滿，認為大學之教育宜排除研究的功能；在他看來，研究與教學都是不必要的，大學的基本功能乃在一種「文化」之傳授。

嘉榭的「文化」概念是廣義的，其定義含蓋物理學、生物學、歷史學、社會學和哲學，簡言之，「文化」可使人過一種「超越無意義或內在齷齪」（above meaningless or inward disgrace）的生活，它為人們在迷路的糾雜、混亂的森林中提供了一條坦途（Allen 1988：18）。嘉榭的主張近似紐曼，其教育理念對戰後有很深的影響。

3.雅士培

哲學家雅士培的《大學的理念》（*The Idea of the University*）一書出版於1923年。在該書中他所揭櫫的大學之理念，正好和紐曼、嘉榭相反，他認為研究才是大學的核心，他說：「大學係一師生聚合以追求真理為鵠的之群體」，真理不是

「光說不練」，並非三言兩語即可直接說清，「眞理可由系統
性的研究獲致，而研究乃是大學最重要的事」；研究第一，教
學第二，大學的第二重要功能便是教學，蓋眞理必須被傳授，
而在傳授眞理的過程中，大學教師以形塑「全人」(the whole
man) 爲目標。在此，其所謂「教育」乃是最具廣義的意義，
並由此導致他所強調的大學的第三個重要功能，那就是「文
化」，亦即在研究與教學之外，大學更應致力於創造性之文化
情調 (Jaspers 1965：19-21；51)。

　　大學的上述那三種功能，彼此是相輔相成的，在雅士培
來講，大學扮演了一個「職業角色」(a vocational role)，如
其所言：「大學同時是一所專業學校，一個文化中心和一個
研究機構」(53)，也因此他主張把「技術」引進大學，讓「技
術」在大學的結構中位居要津，如此才能與所謂「人文」
(Humanities) 維持著眞正的關係。

4. 克爾

　　曾任美國加州大學校長的克爾，1963年出版了他的名著
《大學之功能》(The Uses of the University)，此書被金耀基
認爲是了解當代大學不可不讀之書。克爾視大學爲一「知識
工業」(knowledge industry) 之重地，他指出：「直到最近，
大學已經很明顯地不再是研究的機構了」(Kerr 1973：vii)，晚
近以來，學術與市場結合，大學正自覺不自覺地成爲社會的
「服務站」，大學教授效忠的對象不再是大學本身，毋寧是支
持他研究的福特基金會、西屋公司等等 (金耀基1983：8-9)。

在該書中，克爾提出了「綜集大學」(multiversity) 的概念。蓋現在的大學越來越大，愈來愈複雜，它的成員與組織一直在擴大，活動也日趨多樣（不再限於教學與研究，還包括建教合作……），換言之，它具有多重目標的複雜性，它是多元體的組合，打個比喻，如果紐曼心目中的大學只是一個「鄉村」，那麼克爾所謂的當代的大學，則是一個五光十色的「城市」(9)。

克爾所提出的「綜集大學」的說法，可說是一嶄新的大學之理念，和傳統賦予大學的角色大不相同。儘管當代大學角色之改變，進行得相當緩慢，惟其論點多少亦啓示了後來崛起的後現代主義者 (Postmodernists) 關於大學之主張。直到1978年，美國哈佛大學校長所提出的報告中始指出：「有關博雅教育是高等教育之典範的假說，可能是頭一次受到這麼嚴重的質疑」(Bok 1978：3)，亦即博雅教育之受到挑戰，要到七十年代的中後期才出現。

二、當代大學理念之檢視

七十年代以來，當代有關大學教育之主張，有了很重要的轉變，譬如左派教育思想家便把大學本身所設計的課程，視爲文化政治的一種形式 (a form of cultural politics)，這類大學理念，顯然不同於以往，尤以後現代主義所提出的大學理念，更爲激進。然而，面對後現代的質疑與挑戰，仍然有以傳統「博雅教育」之主張自居者，捍衛著現代大學之理

念，對後現代導致大學之世俗化，以致沒落提出忠告。代表
這一派的學者，在西方有布魯姆（Allan Bloom）與赫許（E.
D. Hirsch），在國人則以金耀基及葉啓政二氏之說堪稱典
型。

㈠布魯姆與赫許之理念

六十年代以來，西方的知識傳統由於「逆反」思潮、「逆
反運動」（如反越戰、性解放、吸食大麻、嬉皮……）的興起，
受到了挑戰，西方文化不見得較諸其他文化優越，而學生的
經驗也被認爲是一種有活力的知識形式（a viable form of
knowledge），有關種族、性別、階級等理念，在解釋主流知
識文化的發展及影響上，則扮演了很重要的角色；相對主義
（relativism）的思想對原有的文學與哲學傳統造成衝擊，不
再抬高歷史上那些由所謂「偉大著作」（Great Books）所形成
的主流知識的地位（Aronowitz and Giroux 1993：25）。目睹近
二、三十年來這些受人崇敬的西方文化一點一滴地受到侵
襲，布、赫二氏在1987年於其分別出版的《封閉的美國心靈》
（*The Closing of the American Mind*）、《文化的讀寫能力
──每位美國人需要知道什麼？》（*Cultural Literacy: What
Every American Needs to Know*）二書中，提出了他們的教育
主張及對策之道，更表現出他們的憂慮。

1.布魯姆

布魯姆對於相對主義的文化思潮非常憎惡，他的教育理

念毋寧較近嘉樹，是屬於柏拉圖派的主張（即相信有所謂超越歷史而永遠存在的「眞理形式」）；基於他對文化相對主義（cultural relativism）的抨擊，布氏對於一般的大衆文化、女性主義（包括男同性戀和女同性戀）、種族主義等文化運動相當反感，這些反智的傾向威脅著國家的道德權威。因而，他對代表著大衆文化的搖滾樂一向不懷好感，認爲那是野蠻者的玩意。拿美國青年來講，在道德和智識上，他們已經是很嚴重的墮落了，六十年代的學生運動以及由激進的知識分子提出的教育改革，在在都向權威提出挑戰。在布魯姆的眼光看來，他們都是虛無主義者。

　　布魯姆的角度，顯然是精英主義的立場。他主張應該刪除與文化相對主義有關的課程以及那些蔑視過往傳統的研究領域，重新改革學校的課程，以拉丁語做爲學習與傳授西方文明的混合用語，並應開出一百本可以體現西方文明價值的鉅著做爲教科書。大學做爲文化堡壘不能自貶身價，社會的墮落，使得教授與學生在面對「偉大的心靈」(the great minds) 時，無法感受到敬畏和驚奇。在此，布氏並不期望將這種改革的任務落在美國所有的大學身上，他只希望排名前二十至三十名的大學或學院，能肩負這種復興西方偉大傳統的使命，因爲這些名校擁有全美最好的學生。毫無疑問，布魯姆的這種論調也是精英主義的。他的這種傾向，使得他也鼓吹「回到中世紀教授(the medieval Schoolmen)的時代」，至少是回到十九世紀高度的歐洲文化的時代。因此，他不讚美民主，反倒是渴望回到一個更爲階層化文明的時代，在那

樣的時代，群衆只出現在市集，而休閒娛樂也只限於嘉年華
會的節日時。

　　布魯姆認爲，過去的知識分子參與整合性文明的創造與
維持，他們批判現實狀況；現今的知識分子則較具技術取
向，而較少純理性，他們傳授解決問題的實用方法，而不是
思想與理念，致使學生的學習傾向也是職業性的，不在批判
社會現在的結構；至於現在的教育體制，多爲「知識製造者」
（knowledge producers），已經成爲物質與社會重製過程的
一環，目前這種技術化的歷史走向，已將大學轉變爲訓練的
機構，使得知識分子幾無容身之處。西方在黑格爾之後的哲
學思想，已放棄對眞理的探索，只爲技術知識服務，也因之
喪失了對於智慧的要求。有鑑於此，布氏於是呼籲那些精英
大學應該引介、傳授以博雅教育爲主的哲學，以抵制其所受
到的經濟學和自然科學那種經驗主義思潮的衝擊（Bloom
1987）。

2.赫許

　　赫許的大學理念，和布魯姆一樣，也是精英主義的。他
認爲當今美國存在的危機狀態，顯示的不僅是公共性學校的
死亡，也是更廣大的市民及公共文化衰弱的徵兆。而公共文
化（public culture）之所以衰弱，則是因爲學校放棄了它們
教導學生西方文化之主流傳統的責任。學生普遍缺乏那些立
足於現代世界所必備的知識；大學生尤其過分側重測驗分數
──特別是SAT（學術性向測驗）。對赫許而言，他所謂的

「知識」,應該是可以展現西方文化統一的事實、價值及著述的知識,讀寫能力的危機之所以出現,就是現在的學生喪失了他們擁有共同的西方文化規範那種相似性。

顯然,自大學以下學校課程的設計,越來越脫離「知識」,反而知識的實際應用,則日益受到重視,現在學校課程的重點毋寧放在發展的心理學、學生經驗以及對技術的操控等方面;實用的教育理論減少了課程中知性的內容,其結果使得文化相對主義抬頭,權威喪失,學術能力的表現更差,不再訓練學生,使其有充分的能力去適應變遷中的工業社會。

面對這種頹勢,赫許提出的藥方,其實是很簡單的,要解救讀寫能力的危機,則不該再犧牲教育的內容,即學校應該要讓技術和講授依附於他所謂的「共同的背景知識」之下。赫許所說的「共同背景知識」(common background knowedge),是由主流的文化訊息所構成,以標準的英語表示,而其內容則是他所稱的「共同文化」(common culture),也就是「每個人的文化」(Hirsch 1987)。

赫許的這種論點,被後現代教育理論家阿羅諾維茲 (S. Aronowitz) 認為是帶有極權主義的統合式文化觀,顯然這種統合式的文化觀是和民主多元主義、政治差異性的主張相衝突的 (Aronowitz and Giroux 1993:43)。

(二)金耀基與葉啟政之理念

國內從七十年代下半葉金耀基氏發表一連串有關「大學之理念」的論文以來❸,面對「大學之理念」這一課題,陸

續有人從哲學、社會學、教育學……等面向予以探討，除金氏外，就中葉啓政教授的論述，堪稱代表。金、葉兩人的論調，基本上都從人文主義的立場出發，頗具浪漫的理想主義色彩，他們都是博雅教育的支持者，與上述布、赫二氏的主張相近，而英國施諾（C. P. Snow）爵士所提出的「兩種文化」（人文與科學）的分裂造成的緊張，依然可見之於兩者的文字中（Snow 1965）。

1.金耀基

大學雖越來越成爲社會的中心結構，但金耀基卻擔憂。蓋現在大學與社會結合甚密，已成爲「大社會知識工業的神經中樞」，社會要什麼，大學就給什麼，不再是一獨立的「學人之社會」，大學不知不覺地社會化、政治化及市場化了。不惟如此，大學尚且受到科學主義的影響，除了學術專門化之外，更轉向技術教育，而極易淪爲社會的「服務站」。

金耀基儘管承認技術教育對當代大學之重要性，但顯然他對「唯科技至上」的主張仍感憂心，所以他援引劍橋大學艾雪培（H. E. Ashby）爵士的說法，特別提出所謂的「技術人文主義」的主張，希望藉此能彌補人文與科學兩種教育的鴻溝；而這也是博雅教育的宗旨，博雅教育在肯定人文價值之餘，並不把科技拒之於門外，其中心價值在培養人獨立判斷的能力，選擇重要之價值（如美、正直、公正、容忍、理性、自由、民主）而愛之、好之、樂之、堅持之的精神，申言之，它要擺正人在宇宙萬物中的位序。

　　為此，大學有時應本於所信之價值，成為社會風尚的定力，成為文化的指針，因而大學須與社會保有一定的距離，以之做為觀照、反省，甚至是批判的客觀條件。大學應該有它自己的獨立與自主（金耀基1983）。

2.葉啓政

　　人文與科技的競爭，在當今大學內部極為明顯，葉啓政陸續發表在八、九十年代的有關大學教育之論述文字，和金耀基一樣，對科技導向的大學教育感到憂心忡忡，特別是資本主義的運作，「不但開展了大學之功利現實的實用技術主義，讓工具理性抬頭，而且逐漸成為強勢的文化內涵。無疑的，這將使得以發揚人文精神，強調思考終極價值問題之人文精神成為弱勢文化。」

　　葉啓政認為，大學的科技文化係建立在專業教育的結構形式上，但專業教育的基本精神是把人「物化」當成工具，本質上就不是一種成就形塑「完人」的教育方式。在他看來，大學不應只是培養學有專長，足以應付職業工作需要的專業人才，也應被視為接續文化傳統並締造理想的殿堂。因此，一個理想的大學應當是極富理想的色彩，更是以培養學生之反省、批判與創造能力為教育的宗旨。大學是醞釀理想主義的溫床，一個缺乏這樣的大學風格的社會，勢必讓現實的力量充斥而吞沒一切。

　　更重要的是，大學不應受到政治及經濟力量的約制，須保持其獨立自主之地位，而其「最崇高的意義在於導引社會

的發展,而不是被社會所牽引」;在這種前提下,葉氏主張,
大學教授之角色不能只定位在「專業倫理」上,在社會開放、
自由、公平、多元之言論對話條件尙未成熟之前,有時不妨
以「先知」者自居,使社會朝向更「完美」的方向而努力 (葉
啓政1991;1992:16-35)。

三、後現代主義的批判

　　季諾克斯 (Henry A. Giroux) 在他和阿羅諾維茲合著的
《後現代的教育》(*Postmodern Education*) 一書中曾談到,儘
管杜威 (John Dewey)、泰勒 (Ralph Tyler)、季提斯 (Herb
Gintis)、古拉德 (John Goodlad) 和卡洛依 (Martin Carnoy)
等人有不同的主張,但他們都擁有共同的信念,即現代主義
者的理念──強調個人批判性思考的能力、履行社會責任、
以有益於理性和自由的啓蒙式夢想改造世界;相信個人做爲
自我推動的主體 (Self-motivating subject) 並能調整自己,
乃是現代主義者主要的教育觀點。對多數的教師而言,現代
主義指的就是「科學和技術持續的進展,工業作業的合理化
區分,以及勞力的密集化、人對自然的支配」。合理性、科學
和技術支撐了現代主義者對持續變遷的觀念及其對歷史持不
斷進展的看法;同理,現代主義的教育則提供了社會化的過
程和合理化的規範,透過他們,有關進步和人類發展的「大
敍述」(the grand narrative) 便可傳遞給未來的世代 (Aron-
owitz and Giroux 1993:57-8)。

　　季諾克斯上述的分析，言簡意賅地指出了現代主義教育
的基本觀點，簡言之，現代主義的教育強調，第一，人是獨
立、自主、理性的，他對社會負有責任，並要創造一個美好
的世界；第二，社會之所以能持續不斷的進步，是因為科技
的進展，科技的進展使歷史不斷地往前進。以之推論，那麼
大學教育便重在培養學生的獨立、自主與理性，對社會負有
責任，而其教育課程和訓練，則應以科學和技術為重。

　　現代主義這樣的觀點，有和當代的傳統論者（或稱保守
主義者）不謀而合之處，譬如上述諸位教育理論家那種對博
雅教育情有獨鍾的「中世紀情結」，即肯定人文精神的意義，
相信人的理性以及知識分子所負的責任等等；但也有相當的
扞格之處，即其科學主義主張不為傳統教育論者所認同，不
論是布魯姆、赫許，或者是國內學者金耀基、葉啓政者流，
均對科學主義不懷好感。然則，新起的後現代主義者如何看
待他們呢？

(一)後現代的解構策略

　　西方的文化思想，長久以來一直建立在一些固定的「概
念對立」的爭論上，當代解構論（deconstruction）大師德希
達（Jacques Derrida）即指出，西方歷史中有關語言、眞理
與眞實的關係，係植基於錯誤的對立論：書寫和口說（writ-
ing and speech）、意符和意指（signifier and signified）、隱
喻和表義（the metaphorical and the literal）、顯在和非在
（presence and absence）、感性和知性（sense and intel-

lect)、自然和文化 (nature and culture)、男性和女性 (male and female) 等,這種對立式的二分法,包括:精神／事物、主體／客體、理性／感性、靈魂／身體、內在／外在、本質／外表 (essence／appearance)、哲學／文學、口說／書寫、男性／女性……前者均優位於後者,而西方文化中的各種文本 (texts),都是以這種對立項的假說為前提的。德希達認為這是不合理的對位,是一種暴力的等級觀。

在此,他提出所謂的解構策略 (the deconstructive strategy),冀圖解決暴力等級觀所造成的誤導。解構策略的方法有兩個步驟,首先為「翻轉」(reveral),譬如我們在閱讀某一唯心論的文本時,由於其係建立在心與物 (the ideal and the material) 的對立上,我們的第一個動機就是要翻轉它的層級,而主張物有優先的地位;但這只是先翻轉,不是馬上就要予以超越。緊接著,第二個步驟便是提醒我們自己,被翻轉過來的層級,不能再犯原來的錯誤,即由此再樹立另一種新的對位層級 (即物優於心)。因而,對我們所要探究的概念領域,必須再予以重新「組構」並重新「定義」,最重要的是,要超越已被設定的概念模式,不再重蹈覆轍 (Sarup 1983:66-7)。

左派的教育理論家薩洛普 (Madan Sarup) 即認為,德希達這種解構批評可以引用到大學的教育體制來,在學校內可以講授解構策略,把它做為一種「內在的顛覆」(a sort of internal subversion),尤其在左派看來,它可扭轉傳統的教育觀,並挑戰那些植基於傳統的權力結構 (67)。

(二)後現代對傳統理念的質疑

如果以此觀點來檢視上述諸種關於大學之理念的主張，至少可以提出底下四項質疑：

1.理性中心假設的質疑

傳統的大學理念，均認爲「人是理性的」，因此，博雅教育的理論便是以大學生的理性能力爲教育的基礎，大學的目的即在培養大學生獨立、自立、智慧等品性與能力，這是持續自啓蒙運動以來對於教育的樂觀信念，比如布魯姆提倡的閱讀「偉大著作」，便是基於訓練大學生的理性能力的緣故，其目的係在矯正技術導向的大學風氣。金耀基也認爲大學所培養的「知識人」，應有能力把不同的知識綜合、融會而一以貫之，並能從人文精神出發，知道那些是「應該」做的，從科學與技術再度判斷，那些是「可以」做的；「知識人」的這種能力係來自他的理性。

「人是理性的」這一說法，自佛洛依德以來即引起不少的質疑，傳統的以理性／感性（或感官）或理性／非理性爲對位的理性中心觀，受到了後現代主義的挑戰——人可能是理性的，也可能不是理性的，決定人之行爲取向的，理性恐非唯一之因素。何況後結構主義大師傅柯（Michel Foucault）便曾指出，理性之被視爲「正常」，往往要由「瘋狂」來加以定義，沒有瘋狂也就沒有理性，瘋狂隨著時間的不同而有不同的認定，那麼與之相對的理性，其涵義恐怕也得隨著歷史

而浮沈。激進的學生運動帶點瘋狂的浪漫色彩,雖爲布魯姆、
赫許等人所不喜,就是因爲它質疑了博雅教育那種溫文儒雅
的理性中心理念。他們擔憂大衆文化對於高等學府的滲透,
想來恐是因爲大衆文化的理性程度較低之故,然而,後現代
卻能與大衆文化共舞。

2.人文精神說的質疑

在克爾提出「綜集大學」的概念後,晚近科技取向的大
學教育日益明顯,連帶地大學也逐漸世俗化、商業化。關於
這一點,上述布魯姆、赫許、金耀基、葉啓政諸人,對此一
現象皆有所指摘,在他們看來,科技教育不足恃,人文教育
才是根本,比如葉啓政即認爲大學的科技文化無法成就形塑
「完人」,人文必須抵抗科技的主宰,否則大學生會被「物化」
爲工具。

上述這種「反科技」的大學理念,在後現代主義看來,
無疑是把持著「人文/科技」的層級觀,其所主張的「人文
優於科技」,其實是和科技論者的「科技優於人文」如出一轍,
都是暴力的等級觀,後現代主義便是要打破這種武斷的層級
體制 (hierarchy),亦即在二十世紀末的今天,科技之發展已
如此神速,則大學不必將之視爲洪水猛獸,電腦若爲每位大
學生必修的科目 (包括人文科系的學生),並不爲過,有了電
腦的專業技能,不見得其人文精神就得喪失,如何在科技與
人文這兩種分裂的文化中求取平衡,是未來大學教育仍待努
力的一個方向。

3.大學優位論的質疑

　　金耀基說：「大學應該是『時代之表徵』，它應該反映一個時代之精神，但大學也應該是風向的定針，有所守，有所執著，以燭照社會之方向。」(22)；葉啓政也認爲大學對社會掌有文化領導權，「掌握了一個社會之象徵系統的創造和形塑工作」(賀德芬1990：31)；布、赫二氏亦持類似的觀點，他們的理論都說明了一點，即相對於社會，大學具有優越的地位，也就是金耀基前面所說的：「大學有時應本於所位的價值，成爲社會風尙的定力，成爲文化的指針」。

　　大學眞的可成爲「社會風尙的定力」嗎？後現代主義的大學理念也對這種「大學／社會」的等級觀提出質疑，蓋以他們的觀點言，大學做爲社會的一個機制，是佔有核心的位置，但看晚近的趨勢，傳統的這種「期望」似乎落空了，大學所佔的地位愈來愈不起眼。在左派看來，大學只做爲國家的一個意識形態機器 (one Ideological State Apparatus)，雖然它對被統治者有潛移默化的力量，但畢竟只是政府的一個統治機制，仍非社會的核心，其他的意識形態機制，諸如傳媒、學校、教堂等等，亦發揮著相當的影響力。揭櫫此一理論的新馬克思主義思想家阿杜塞(Louis Althusser)甚至還認爲，現代（資本主義的）教育體制成了提供勞力重新生產的單位，勞動者在學校獲得技能，並依社會的需要而被分配 (Sarup 1983：13)；所謂「大學反映一個時代的精神」，或許要從這個角度來看。後現代主義無法贊同「大學中心論」的

說法。

4.西方文化觀的質疑

　　以西方人的眼光來看，布魯姆與赫許二氏，極為留戀西方的主流文化，在他們上述的兩部著作中，一再反覆強調此一論點，如同赫許所說，今天大學之所以出現危機，是因為大學（包括各級學校）放棄它們教育學生西方文化之主流傳統的責任。現代主義者也有這種「西方文化中心觀」的論調。季諾克斯即分析道：「在現代主義的論述裡，其所畫出的知識疆界，幾乎只從歐洲的文化和文明模式出發，在他們的筆下文明如同李歐塔（Jean-Francois Lyotard）所說的，是啟蒙運動的『偉大故事』的擴展；此外，現代主義那些大量的由白人所寫的文化論述文字（白人的作品通常被認為是優越的），被視為一種能為精英的感性所瞭解的高層文化，並和通常被貶為流行或大眾文化的作品區分開來。」(58)。

　　由此看來，不論是新保守主義者如布、赫二氏，或者是現代主義者，均以「西方／非西方（或東方）」的等級觀為其大學之理念，在此亦受到後現代主義的質疑，特別是從非西方（白人）的觀點來看，這種「西方（白人）文化中心論」的說法，應該受到批判，而我們大學教育，在課程的設計及內容的講授上，尤其要注意到此點。關於此一質疑，金耀基曾加以強調：「西方人幾個世紀來自覺與不自覺所形成的西方本位觀正需徹底檢討，以正面地承認不同於己的文化價值與社會體系。」(66)

上述後現代論者的四項質疑，顯然是從德希達的解構策略出發，即對新保守主義（現代主義）那種基於「理性／感性」、「人文／科技」、「大學／社會」以及「西方／東方」的二元對立（前者且優於後者）所建立起來的等級觀，提出挑戰，並試圖予以「翻轉」，希望能達到解構的作用，建立另一種新的大學的理念。

四、後現代的「邊界教育學」

那麼，後現代主義所提出的是什麼樣的大學理念呢？前所舉季諾克斯在其《後現代的教育》一書中即揭櫫一種所謂的「邊界教育學」（Border Pedagogy）的理論；邊界教育學的大學理念，顯然不同於前此保守主義及現代主義的主張。不過，倡導此說的季諾克斯也強調，「這種教育學係嘗試將反抗性的後現代主義和現代主義的解放觀念予以結合」(118)，因此也吸收了現代主義的若干觀點。事實上，在某些界限上，後現代主義與現代主義本就很難劃清。

後現代的邊界教育學有關大學的理念，主要從底下兩方面來看：

㈠反文本（Counter-Text）的理念

文本（text）是當代後結構主義一個常用的術語，它的概念比作品（work）一字（不只限於用文字表達的文章而已）還要廣，可視之爲「創作者用語言或符號（此所謂符號並不

只是文字，還包括很多文化符號）向人傳達其思想、感情或
反映有關現實的東西」，所以，詩、散文、小說是文本，一場
電影、戲劇或音樂會的演出也是一種文本，靜態的創作是文
本，動態的表演甚至是運動的展現形式，都是文本。後現代
主義的高等教育理念，提倡的即是「反的文本」（counter-text）
的主張。

　　後現代的邊界教育學認為，學生是生活在複雜的參照符
號（references）中，這些參照符號構成了不同的文化符碼、
經驗和語言，教師應鼓勵學生持批判性的態度來閱讀這些符
碼，以及了解這些符碼的限制（包括在建構他們自己的敍述
與歷史時）；所有的論述（discourses）都是有所偏的，對於「權
威」便應採取批判性的觀點。學生對待知識，就像是個邊界
的跨越者（border-crossers），像邊界進出的人。邊界不只是
形體的，它也是文化的邊界，「在規則和約定的地圖內，它被
歷史地建構和被社會地組織，而這些規則和約定則限制也建
立了特定的認同、個人的能力，以及社會的形成。」（Aronowitz
and Giroux 1993：119）也就是學生應該跨越意義的領域（知識、
社會關係與價值的地圖），而重寫（或加以協商）這些組構意
義（地圖）的符碼。學生此一學習的領域，已和地方、身分、
歷史、權力等等浮動的變項糾結在一起了。

　　知識的形式既然是學生可以跨越的文本，就不應有所謂
支配性的文本（地圖），而正式的、官定的文本（official texts）
就應該予以批判，因此，後現代強調使用另一些表現形式
（alternative modes of representation），諸如錄影、照相和

鉛印的混合展現，流行文化也就不該被忽視──相對於傳統派的觀點，流行文化可說是一種「反的文本」，它可以是政治和分析的嚴肅對象，我們不能壓制那些由對立的「他者」(oppositional Others) 所形成的知識形式，所以流行文化必須列入正式的課程中做為研究、探討的對象，像媒體研究或媒體批判的科目都可以開設。流行文化做為傳統的精英文化的「他者」，不應被漠視。

此外，反文本的理念也認為，基於白人、父權和特定階級的世界觀所建立起來的所謂「支配性敍述」或「大敍述」(master narratives)，必須受到挑戰。教師應提供給學生一新的理論語言，重劃新的邊界，這一新的邊界與結合了那些文化主流之外的邊緣性知識有關，換言之，後現代的論述（即文本）對那些不再以西方文化的主流模式為基礎的文化或社會實踐，具有相當開放的可能性，從邊緣放射出的知識形式，可以被用來重新界定複雜的、多元的、異質性的現實，這些歧異的現實構成了差異性的關係，而正是這些差異性的關係形成學生自己各自不同的經驗，問題在學生往往無法經由一種單一、統合的文化及政治符碼去界定自己的身分。不同的階級、性別、種族向一統的意識型態質疑，破除西方白人神話勢在必行 (120-1)。

所以，後現代主義肯定種族、性別、階級的政治，支持文化相對主義的觀點，大學的課程設計則必須做相應的調整。從這點來看，反文本的大學理念，要重劃政治、社會及文化的疆界，即解構以西方文化傳統為本位的「文本」，對以

往被認爲是「他者」或「反」的文化予以開放，讓不同文化
的差異性同時穿梭在大學中。

㈡反記憶（Counter-Memory）的理念

記憶（memory）存在於歷史中，也存在於傳統中，更存
在於著作中。記憶不是死的，而是隨時可能活動著的，記憶
可以被壓抑、分割和扭曲，可以累積，也可以塗上不同的顏
色；記憶和記憶之間可能是連結著的，也可能彼此相抗衡，
新記憶挑戰或取代舊記憶。大學保存記憶、傳播記憶，更製
造記憶。

後現代的大學在面對變遷的社會過程時，反對保守主義
閱讀傳統的方式，它們鼓舞學生去扭曲傳統的意義（即所謂
「誤讀」），季諾克斯認爲，這種誤讀有助於邊界教育學的發
展。當然，他也強調，這可能會忽略到去發展一種新的、解
放的政治認同的形式。政治認同（或身分）往往來自記憶，
反記憶就是要反對原來的政治認同，這個課題爲一些激進的
公共哲學（如女性主義）所特別關注（121）。

在後現代主義看來，書寫的歷史是以歐洲中心主義爲基
礎的，後現代的反記憶論便是反對這種歐洲中心主義的歷
史，因爲它假裝爲「全人類」說話，但事實上，歷史脈絡裡
存在著多元性和不確定性，衆聲喧嘩，歷史應該是開放的，
不是封閉的；如同上所言，後現代主義因而承認各種有關歷
史、公民權、性、種族、性別、人性等差異性的論述，並主
張教師應該站在激進的民主傳統裡面而不是外面，來展示一

種批判的差異政治學（a critical politics of difference），承認在民主的傳統中具有對立的、異質的、開放的與最終不確定的特性（122-3）。

反記憶的大學理念強調，要用批判的眼光來閱讀「過去如何成為現在？」，以及現在又如何閱讀過去；反記憶提供我們一個理論的工具去連結公共生活語言與差異性論述之間的關係，傅柯即言，藉由這種反記憶，民主和差異性的論述，可以被視為教育學的實踐，而這種實踐「乃在轉變歷史，即從『以現在的真理來斷定過去』轉到『挑戰我們目前真理與正義的形式的所謂反記憶』，而有助於我們去了解和改變現在，以一種和過去的新關係，來放置現在。」（Arac 1986：x viii）

在此，後現代激進的民主觀被引進到大學來，激進民主（radical democracy）的語言，提供了教師去了解所謂的差異性在政治認同中是如何地被建構。尤其重要的是，教師必須讓學生了解民主之做為一種生活方式，是要持續地奮力不懈去爭取的，而且還要被重寫為反對的政治的一部分（as part of an oppositional politics）。激進民主在大學校園中生根，風起雲湧的各種民主改革運動，便在校園中蓬勃的展開，目前台灣大學校園內的改革運動，即是顯例。

季諾克斯還認為，反記憶試圖恢復抗爭的敘述（narratives of struggle），這種抗爭性敘述給各種不同的支配性及附屬性團體提供一種關於場所、位置和身分的意義，也可以說抗爭性敘述是真正記憶的來源，它要改變壓抑性的權力關係，同時教育老師和學生，不能成為支配性權力關係的共犯

(Aronowitz and Giroux 1993：126-7)。

上述邊界教育學的主張,不管是反文本或反記憶,影響最大的可能是大學師生關係的解構。季諾克斯即提到,這種教育理論的落實,使得學生發聲的權力受到重視,經由學生自己的發言,可以重寫大學的歷史 (124)。以國內為例,一九九三年六月,前衛出版社出版的《八十年代台灣學生運動史》及《新生代的自我追尋──台灣學生運動文獻彙編》二書,均由學生自己編撰,從撰寫、彙整、成書到出版,全程都由學生自己策動、參與,不假外手,二書除了記載八十年代以來學生運動的過程與發展,並提出自己批判性的主張,是反文本與反記憶最佳的實踐證明。

學生出場發聲,衝擊到的是教師角色的轉變。韋伯 (Max Weber) 在〈學術做為一種志業〉一文中即曾說,教師不是領袖,因為這兩者所須要的特質並不同,大學教師應該「僅僅是以教師的身分站在講台上」;同樣教師也不能扮演先知,「在課業努力扮演先知或救世主的角色,也絕對無法在地球表面上硬逼出一個先知或救世主來」(錢永祥1985:142-3;146)。大學教師在後現代的紀元中,其權威已受到來自各方面的挑戰,傳統「一日為師,終生為父」的觀念則已蕩然無存,而韋伯當時所說的,為後現代紀元中的大學教師應予扮演的角色,做了最好的註腳。

不僅如此,大學師生關係的轉變,更進一步衝擊到傳統學校和學生的關係。以法的觀點言,以往學校和學生的關係適用所謂的「特別權力關係」,簡言之,即學校在一定範圍內

對學生有命令強制之權利，而學生則負有服從義務之法律關係；由於其和一般權力關係不同，不僅前者對後者享有行政法上的懲戒罰，後者權利在受到侵害時，亦不能提起訴訟做為救濟手段。不過這種理論晚近已受質疑，以言我國，近幾年司法院大法官會議所為之釋字第一八七、二〇一、二四三、二六六、三一二及三二三號解釋，逐步在鬆動這種特別權力關係，予義務人在某種情況下得提出救濟的手段❹；迄於一九九五年元月，釋字第三八二號解釋公布，大法官會議終於明確表示，學校和學生的特別權力關係應予終止（學生被學校退學，可依司法程序尋求救濟）。在後現代紀元中，這種以學校為支配者（權利人）的論調，特別要受到挑戰。

「大學的沒落」近來儼然成為一個響亮的口號，如果從傳統博雅教育的觀點來看，後現代主義所提出的質疑與主張，的確會讓人感到吃驚與憂心，大學在日漸喪失傳統的功能後，有漸趨衰頹之勢，其世俗化之情形日趨嚴重。然而，如果套用科學哲學家孔恩(Thomas Kuhn)的「典範」(paradizm) 觀來看，無疑，伴隨著日漸被解構的大學（角色、結構、功能等等）而出現的後現代之大學理念，具有「典範變革」或「典範重組」的味道；進一步言，如果以新典範來看新的（後現代）大學理念，則大學「沒落」之說便不攻自破。

五、結語

晚近隨著社會激烈的變遷，大學的生態環境起了很重要

的變化，後現代的大學理念影響它們，同時也受到它們的影響。因應著生態環境的改變，大學正悄悄地在進行一場「哥白尼式的教育革命」。

　　如前所述，在後現代紀元中，傳統大學的教育理念，諸如大學的目的、結構、功能等，都受到了前所未有的質疑；而理念的轉變，同時也促成了新式學校的興起。學者詹棟樑氏在他所著《現代教育哲學》一書中即認為，傳統學校的功能已被那些新式的「反傳統的學校」所解構了。他指出這種「反傳統的學校」的六項特性：1.反對制度化的學校制度；2.這類學校為私立機構，不必擔負國家所交付的責任；3.民眾不分階級可自由入學；4.教學所採取的方式是自由的方式，學生的學習也是採自由意願，沒有強迫性；5.採自治的方式，學生之間的衝突甚少；6.學校的政策由學生共同決定（詹棟樑1993：239）。

　　詹氏還進一步分析，反傳統的學校，採溫和類型的有自由學校（Free School）、開放學校（Open School）、社區學校（Community School）及無牆學校（schools-without-walls）等；較為激進的類型，則以伊利希（I. Illich）所主張的「無學校的教育」（education without school）和伯萊特（Carl Bereiter）所提出的「無教育的學校」（schools without education）為代表（240-5）。上述這些新起的學校或學校的主張，雖然指的是一般的學校，無疑，對後現代的大學亦有著啓發的作用。

　　台灣目前雖然不像歐美那樣，有反傳統的新式學校的出

現，然而，受到後現代主義思潮及文化氛圍的影響，若干後現代的思想、主張也已進入到大學校園中（比如台大同性戀社團的成立及其試圖建立的論述、反處女情結的校園遊行等等），甚至較爲激進的反傳統學校森林小學的出現，對於大學的改革未嘗不是一種啓示？有森林小學，自然也可以有森林大學；何況大學法的修正，已經某種程度地突破中央掌控的意識形態，使得教育政策的制定更爲脫中央化，教育體制漸朝彈性化方向發展，爲因應社會價值觀念多元化發展的需求，不但在入學管道、課程規畫、學制銜接等方面，已做相當幅度的修改，而且在學制上也做了彈性化的調整（楊瑩1994：197-8）。以共同必修科目的改革爲例，原先國父思想科目已被取消，改授中華民國憲法與立國精神，顯示官定一統的意識形態已被註銷，使得多元活潑的意識形態有了更爲廣闊的開放空間，間接促使文化相對主義在大學校園中的抬頭。孫中山的偉大論述已經被解構。猶有甚者，一九九五年五月所公布的大法官會議譯字第三八〇號解釋，明示大學課程之訂定與安排，應由各大學依據大學自治與學術責任原則處理，並從翌年六月起，教育部不能再爲各大學訂定共同必修科，否則違憲，爲台灣大學之脫中央化與自由化，更邁進一大步。

職是，後現代紀元中，批評者所認爲的「大學的沒落」，從另一個角度看，不啻也是「大學之再生」？中心、權威、統一、偉大、精英……唯有在它們被重新檢視進而質疑之下，大學本身才能煥然一新。

註釋

❶紐曼此書自1852年初版以來，曾出版多次，本文之討論係以1959年版為主。

❷海外學者金耀基氏在〈大學之理念、性格及其問題〉一文中，將liberal education一詞譯為「博雅教育」，極為傳神。該文收在《大學之理念》一書中。

❸金耀基這類論述文字，於1983年4月始結集出版，見上引書。

❹大法官會議所為這六號解釋雖均係為公務員出發，但同樣可推之於同為特別權力關係中義務人的學生。

引用書目

英文部分

1. Allen, Michael. 1988. *The Goals of Universities.* Philadelphia: SRHE & Open University Press.

2. Arac, J. ed. 1986. *Postmodernism and Politics,* Minneapolis: University of Minnesota Press.

3. Aronowitz, Stanley, and Henry A. Giroux, 1993. *Postmodern Education: Politics Culture, and Social Criticism.* Minneapolis: University of Minnesota Press.

4. Bloom, Allan. 1987. *The Closing of the American Mind.* New York: Simon & Schuster.

5. Bok, Derek C. 1978. *The President's Report, 1976-1977.* Cambridge: Harvard University.

6. Hirsch, E.D., Jr. 1987. *Cultural Literacy: What Every American Needs to Know.* Boston: Houghton Mifflin.

7. Jospers, Karl. 1965. *The Idea of the University.* London: Peter Owen Ltd.

8. Kerr, Clark. 1973. *The Use of the University.* Cambridge: Harrard University.

9. Newman, John Henry. 1959. *The Idea of a University .*

New York: Image Books.

10.Sarup, Madan. 1983. *Marxism Structuralism Education.*
London: The Falmer Press.

11.Snow, C. P. 1965. *The Two Cultures: And a Second
Look:* Cambridge: Cambridge University Press.

中文部分

1.林玉體，1993。〈西洋大學教育的發展與回顧〉，《老師，請你
走出洞外》，台北：前衛。

2.金耀基，1983。《大學之理念》，台北：時報。

3.詹棟樑，1993。《現代教育哲學》，台北：五南。

4.楊瑩，1994。〈九〇年代台灣的教育改革〉，許慶復編，《邁向
廿一世紀的台灣》，台北：正中。

5.葉啟政，1990。〈對高等教育的人文展望〉，賀德芬編，《大學
之再生》，台北：時報。

6.葉啟政，1991。《台灣社會的文化迷思》，台北：東大。

7.葉啟政，1992。〈大學教授的角色和使命〉，《當代》第七十三
期：頁一六～三五。

8.Max Weber原著，1985。《學術與政治：韋伯選集 I》，錢永
祥編譯，台北：允晨。

（本文曾發表於《佛光學刊》，1996年6月創刊號）

後現代學科與理論

著　　　者／汪亞明、葉志良、王文杰、管建新、鄭祥福、
　　　　　　洪　偉、孟樊
編　　　者／鄭祥福、孟樊
出　版　者／生智文化事業股份有限公司
發　行　人／林新倫
副總編輯／葉忠賢
責任編輯／賴筱彌
執行編輯／趙美芳
登　記　證／局版臺業字第 677 號
地　　　址／台北市文山區溪洲街 67 號地下室
電　　　話／(02)366-0309　　366-0313
傳　　　真／(02)366-0310
郵　　　撥／1453497-6
印　　　刷／柯樂印刷事業股份有限公司
法律顧問／北辰著作權事務所　蕭雄淋律師
初版二刷／1997 年 11 月
定　　　價／新臺幣：200 元

總　經　銷／揚智文化事業股份有限公司
地　　　址／台北市新生南路三段 88 號 5 樓之 6
電　　　話／(02)366-0309　　366-0313
傳　　　真／(05)366-0310

ISBN：957-8637-38-1
E-mail：ufx0309@ms13.hinet.net
本書如有缺頁、破損、裝訂錯誤，請寄回更換。

國家圖書館出版品預行編目資料

後現代學科與理論／汪亞明 等著；鄭祥福、孟樊
主編 -- 初版 . -- 臺北市：生智，1997 [民 86]
    面；   公分
ISBN 957-8637-38-1 (平裝)

1. 哲學 - 西洋 - 現代（1900-   ）

143.89   86001640